JN176052

まえがき

本懸賞論文の課題を検討する会議で、当財団の創立四〇周年を記念するにふさわしいテーマを議論したところ、最終的にはそのものズバリ、『私の生涯学習—学ぶ楽しみ』でいこうということになった。直截的すぎるかとも思ったが、ふたを開けてみれば、例年にもまして多くの応募があったわけで、結果として成功だったと自画自賛している。そして、あらためて、人はこんなにも学ぶことが好きなのだということを知った。

しかし、世界には、学校に行きたくても行けない子供が五七〇〇万人もいるという。昨年のノーベル平和賞を受賞したあのマララ・ユスフザイさんの「一人の子供、一人の教師、一冊の本、そして一本のペン、それで世界は変えられるのです」という演説は感動的であった。教育とはこれほどに希求され、人間はこれほどまでに学びたいと欲するものなのだ。

これに対し、贅沢なほどの学習機会に恵まれた日本。しかし、そのなかで、勿体ないほどの教育機会が無駄に費消されている現実がある。教育機会は学びたいと欲する人たちに提供し、彼らにこそもっと開放すべきだろう。今回の応募作がそうであるように、人生経験が豊富な「社会人」こそ、実学、教養、趣味とさまざまな学習目標をもって「学ぶ楽しみ」を満喫している。

今回めでたく一九編の優れた入賞作を得て本書に掲載の運びとなったことは、四〇周年記念号を飾るにふさわしいことと喜びに堪えない。本書を、本シリーズ創刊から委員長としてご尽力を頂いた故森 隆夫先生に謹んで捧げたい。また、森先生を偲ぶよすがとして選外ながら審査委員会の推薦枠として一点を加え、二〇編を掲載することとした。

出版に際し、㈱ぎょうせいには大変お世話になった。公益財団法人北野生涯教育振興会の関係者とともに、編者として心からお礼を申し上げたい。

平成二十七年十月

編者　小笠原　英司

目次

第二章　学ぶことへの挑戦

第三章　新しい体験から学べること

第四章　身近でみつけた学びの場

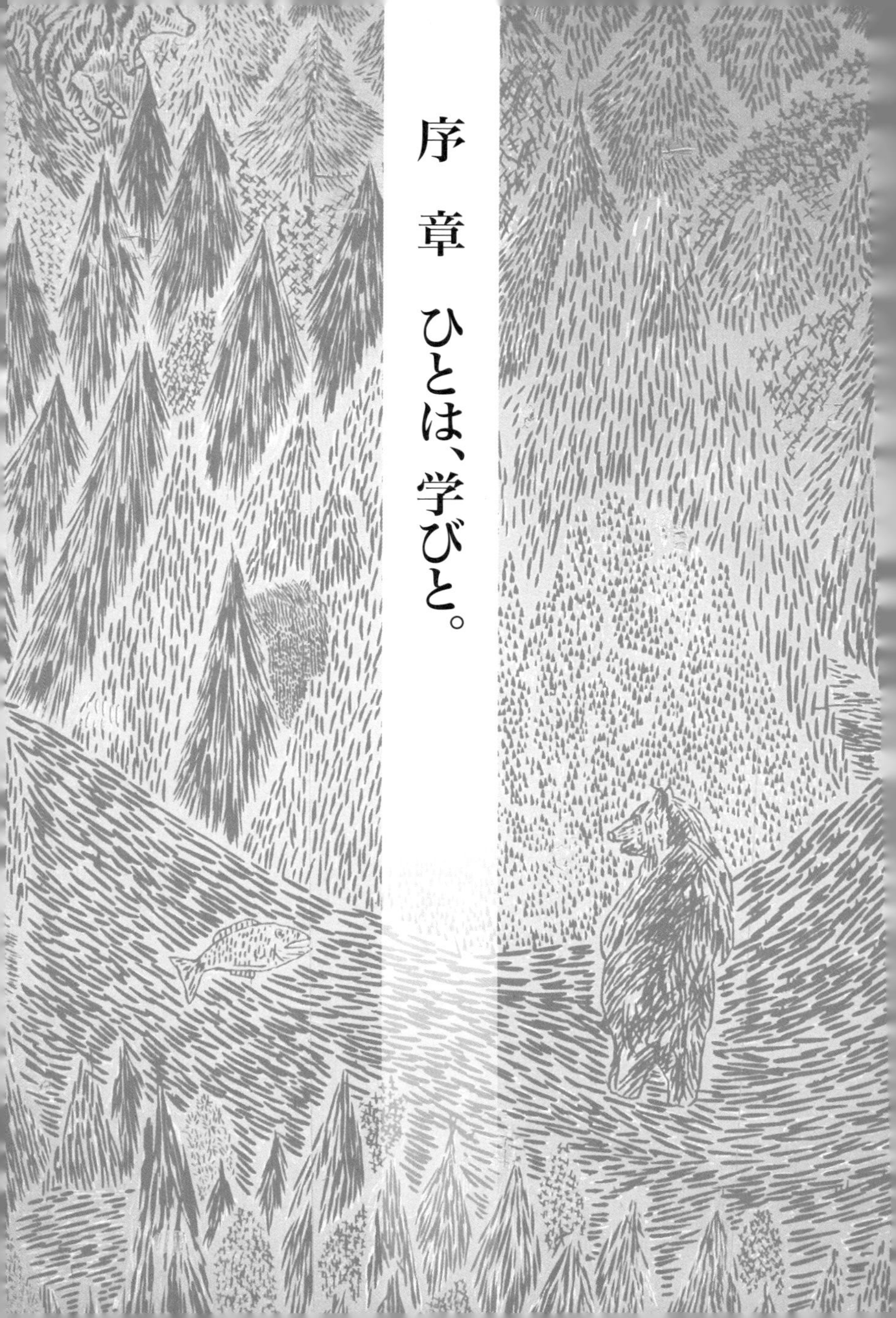

序章　ひとは、学びびと。

ひとは、学びと。

明治大学教授　小笠原　英司

一、はじめに―人間と学び―

ホモ・ファーベルという言葉がある。動物から区別する人間の特性は道具を作ることである（「工作人」）ということを表現したラテン語である。「人間とは○○である」という定義はほかにもある。たとえば、「ホモ・ルーデンス」というラテン語は、人間とは遊びをする人という意味だし、「ホモ・ロクエンス」とは人間の特性は言葉を使うことにあるという意味である。そして有名な「ホモ・オイコノミクス」とは、人間はもっぱら経済合理的に行動するという経済学の人間観である。

ほかにも、「考える葦」、「感情の動物」、「社会的人間」といった表現でさまざまな人間規定がなされてきたことはよく知られたことであろう。こうした人間観のバラエティは、それだけ人間という存在が多様な特性を併せもっているということにほかならない。

実際、人間とは多様な諸特性が複雑に絡みあった複合体である。だからこそ、対象としての人間はどこからでも切り取ることができるのだが、その場合でも「人間は全体として在る」ということを忘れてはならない。ただし、部分をたんに切り貼りしても、全体としての人間にはならない。人間は自己を形成する諸部分を主体的に再構成することによって「生きている」のであって、人間の全体化は「活きて生きる」（小笠原造語）という生活の本義によって実現するのである。

人間生活の全体化という点から見れば、「学び」はその中心に位置する。学ぶという行為は自己啓発という主体的営為の具体的形態にほかならないからである。人類が「ホモ・サピエンス」（知性人）たる特性を獲得していらい、人間ほど学ぶことを好み、得意とする生物はいない。実に人間とは、学ぶことを「生きること」と同義とみなす生きものと言える。

私はしばしば授業のなかで、冗談半分に現代人と縄文人を対比した話をするが、縄文人の生活や人生において、学習の重要性はある意味で現代人の比ではないと言えるだろう。衣食住のなかでもとりわけ食糧確保は死活問題であり、さらに経営学の視点から言えば、家族、村落、部族の集団経営の巧拙という問題がある。食と組織に関する学習の如何は、そのまま生と死を左右する事態とさえなったことであろう。生きるためには、すべての経験から学ばなければならない。その意味で、生きることの中心には学ぶことが位置しているのである。

二、長寿社会と生涯学習

概して、本懸賞論文プログラムへの応募者は年齢的には五〇・六〇代が中心となっている。今回のテーマは「生涯学習」ということで、とくに「第二の人生」の経験者にとって恰好の課題であったためか、やや高齢傾向がみられた。因みに、入賞者一九名の平均年齢は六七・三歳（八七歳〜五三歳）であり、そのなかには七名の「後期高齢者」が含まれている。

述べたように、「生きる」ことの中心には「学ぶ」ことが位置している。そうであれば、長寿になるということはそれに応じて学習期間も長くなるということであり、日本のような超高齢社会でかつ長寿社会は、生涯学習社会の先進国ということになる補注1。

【補注1】本稿では高齢社会と長寿社会という言葉を区別している。高齢化社会とは六五歳以上の高齢者比率が高まり、社会の人口構成のピラミッドが筒型に変形した社会のことである。日本社会は一九七〇年に高齢者比率が七・一％となり、高齢化社会となった。一九九五年には一四・五％の「高齢社会」となり、二〇〇七年には二一・五％となって「超高齢社会」となった。これに対し長寿社会とは、「平均寿命」（平均余命）が七五歳を上回った社会（日本は二〇一三年、男女合算して八四歳で世界一）を意味するものとする。因みに、生涯学習振興法が制定されたのは一九九〇年のことである。

関連して、就業年齢の問題がある。周知のように、二〇一三年四月から希望者に対しては六五歳まで雇用することが事業者に義務づけられた。年金支給開始が六五歳に引き上げられたことに連動した措置であるが、その前提には日本社会の高齢化と長寿社会化の現状がある。六〇歳から六五歳という年齢層は今や完全に現役世代であるが、同時に近い将来のリタイア人生を設計する時期でもあり、六〇歳で退職してから俄かに「第二の人生」を模索していたかつての六〇代前半期と比べれば、人生計画と生涯学習に対する意識が明確になってきているような気がする。

現役組と引退組とでは生涯学習に向けられる時間に絶対差がある、と考えられている。趣味でも教養でも、学びたいことがないわけではないが、「とにかく忙しくて…」というわけである。筆者も定年まで一年余となって、「そろそろ」と思わないわけではないが、やはり仕事中心の日常のなかで、余裕の時間がとれない。しかし、これには昔から異論があって、時間がないというのはほとんどが言い訳に過ぎず、時間は少ないなかから工面するものだというのである。現に今回の入賞作にも、現役ながら時間をやりくりして別世界に挑戦した経験を書いた作品があった。こういう経験談を聞くと、私などは、ホント偉いなぁと思う。時間がたっぷりあるはずの引退組のなかにも、重い腰の人はたくさんいる。専業主婦も同じことで、多忙ななかで時間をやりくりして学習時間をつくりだす人もいれば、言い訳ばかりでテレビの前に居座る人もいるだろう。

大げさな言い方をすれば、時間はこの世のすべての存在物とりわけ生物にとって、絶対的な条件であり最大の制約要因である。生きるということは、個々の生命体に与えられた時間を消費することだとも言える。つまり、物理的にどれだけ潤沢な余暇時間があろうが、余暇など望めない多忙生活であろうが、生物学的人間としての「生涯」には時間の絶対限界があり、そのなかでおよそ八〇年から一〇〇年の生涯という時間をどのように費消するかということである。もちろん、個別レベルではそれは個々人の自由に属することは言うまでもない。

たとえば、「生涯現役」「この道一筋」という人生観がある。研究者、芸術家、文芸家、芸能人、専門職人、といった特殊な職能の人々は、特定の分野に特化しているゆえにつぶしがきかないという面もあるが、職業と生きがいが一致している場合が多く、可能な限り終身現役を全うしたいと願っている人たちが多いように思う。しかも概して彼らの日常は多忙でヒマがない。なかには限られた忙中の閑を利用して多才ぶりを発揮する人もいるが、彼らにとっての学びは何といってもその「専門」である。彼らの「(専門)道（どう）」に終わりはない。「道（みち）を極める」ためには、思想も、技も、人間関係も、まさにすべてが学びの対象であり機会となる。

他方では、四・五〇代で早期退職して人生の舞台を転じ、転職や田舎暮らしなど過去のしがらみにとらわれない「第二の人生」に踏み出す人もいる。過去にとらわれないとはいえ、人間はプラス面のみならずマイナス面も過去から学ばざるを得ず、かといって過去の経験に頼るばかりでは不十分である。新たな情況に適応するためには、これまでとは異なる「ひとびと」と接し、新たな生活知識を学び吸収することが不可欠となる。これもまた学習であろう。

三、実学を学ぶ

これまで述べたことからもわかるように、「学び」「学習」という行為はその対象の範囲によって広狭さまざまである。言葉としては、「学習」といえば学校教育での学習や稽古の習い事のイメージが強いので、どちらかといえば「学び」と言ったほうが範囲は広くなるだろうが、両者に区別はないと言ってよいだろう。最も広い定義をとれば、「生きることは学ぶこと」というレベルでの学び（学習）で、すべてから、何であれ、どういうかたちでも、自分の生き方や考えに採り入れようとすることである。

これに対して、狭義の学習は日常生活における諸活動に何らかの形で役立ち、多くは直接的な効用をもたらすような内容を学ぶ実利的学習である。

この範囲は多彩である。まず高等学校までの学校教育課程のなかでも農業、水産、商業、工業などの実業高校は専門教育ないし職業教育を目的とする教育機関であり、高等学校とは区別されるが同じく専門教育機関として専修学校や各種学校（便宜上両者を専門学校と言う）が設置されている。とりわけ専門学校は、税理士、会計士、調理師、理容師、美容師、看護師、介護士など各種の専門技能士の養成と同時に資格試験や検定試験の受験学習機関として重要な役割を担っている。

ここで考えさせられるのが、大学の役割である。読者にはやや退屈な話であろうが、大学はわが国の高等教育と生涯学習にとって重要な問題を内包しており、以下粗雑ながら私見を述べさせて頂きたい。

一般に大学は「学問研究の府」と理解されている。学問研究とは「科学的研究」を意味する。もともと理学系の学問、工学系の学問、社会系の学問のうち、ヨーロッパ近代科学の正統は理学系であり、工学系や社会系はその応用であり派生であるという区別がある。日本の大学には「理工学部」という学部があるように、理も工も同じ自然科学系ではないのかと疑問を抱くが、彼方では科学と技術は区別され、理学は科学、工学は技術学（テクノロジー）なのである。それはともかく、こんにち科学とテクノロジーは融合して社会的に認知され、現代は「科学テクノロジーの時代」となっている[補注2]。

【補注2】かつて「科学技術庁」という省庁があったように、わが国では「科学」と「技術」は不即不離の関係としてセットで「科学・技術」（science *and* technology）として捉えられてきた経緯がある。そして歴史的には明治期の富国強兵・殖産興業政策のもとで、工学系重視の研究教育行政が採られたのであった。いまでも日本の大学には、理学部に対し圧倒的に工学系学部が多い。

もう一つは社会科学系の学問である。社会科学系の学問が「科学」であるか否かについては棚上げにしよう。問題は、実学のことである。実学とは何かについての確定された定義があるわけではないが、役に立つ実用学とか、実際に応用できる実践論の意味だとすれば、たとえば「経営学」は実学であり、科学性、学問性よりも実用性、実践性が求められている、と多くの人は思っている。経営学の科学性のハードルは低く、重要なのは経営の実践性だとなれば、アメリカのビジネス・スクールでＭＢＡ（経営学修士）を修得した経営者なら誰でも経営学者になれる（?）。これが正しいとすれば、経営者が経営学者を兼務するのが手っ取り早い。現に多くの経営学部では客員教員として彼らを招いて授業（講演）を担当してもらっている。科学性や学問性よりも、役立つ知識としての「経営学」が重要だというのなら、（筆者のような）役に立たない知識を教えるしか能のない経営学者に替えて、引退経営者を講師に採用すればいいのだ。

実は文部科学省は近年、役に立つ教育、グローバル人材の養成という文部政策を補助金行政によって推進している。国立大学のみならず公立・私立を問わず、国のアメとムチ行政には翻弄されているという実態がある。工学系や医学系、生命科学系の学部は莫大な資金が必要で、国の補助金がなければやっていけない。国としては効率的な資金（税金）配分を行うためにも、非効率な分野つまり役に立たない分野は淘汰したいと考える。手始めに、国立大学の社会科学系および教員養成の学部を整理統合する方針を打ち出した。加えて文部科学省の審議会は、専門学校を大学化する方針も検討している。

要するに、明治期以来一貫して実学重視のわが国の文教政策に変化はない。おそらくそれは、われわれ日本人が無意識に持つ「日本的実用主義」が支えている文教理念であろう。日本における学校は、基本的にはすべて「実用」の原理・原則と技術を教授し、それを学習し修得する教育・学習機関として位置づけられてきた。それは国民の大衆層に対し基本的には「読み書き、算盤」という生活技術の基礎を与え、もって世界に冠たる産業人材として輩出するための産業・文教政策であった。

重要なことは、そうした教育を積極的に受け入れてきたという点である。人々は「知識は役に立つ」ことを体験し、そしてそれがやがて「役に立つ知識を学ぶべきだ」という知識観を生み、さらに「役に立たない知識は無用だ」という知識実用主義に至ったのである。

四、教養を学ぶ

生涯学習の醍醐味の一つは、教養を深めるべく学ぶことであろう。教養とは、広辞苑によれば「単なる学殖・多識とは異なり、一定の文化思想を体得し、それによって個人が身につけた創造的な理解力や知識」であるという。英語では「文化」と同語のカルチャーである。定義中「一定の文化思想を体得し」というところがミソであろうから、まず生徒・学生は該当しない。彼らはまだ知識人としても文化人としてもその途上にある若者であるから、教養人ではない。次に「一定の文化思想」とはなにも中国やアメリカなど外国の文化や思想を意味しているのではなく、また海外生活を経験したからといって現地の文化を「体得し」たというわけでもない。

日本の文化や思想でいいのだ。ただし日本人だからといって日本の文化を理解しているとは限らない。日本人なら日本をよく知っているはず、と言うのは当たらない。筆者も海外に滞在したおり、日本の「文化や思想」を思うように説明できずに—英語力の問題ばかりではない—歯がゆい思いを何度も経験している。筆者もまた教養人には遠い。

漢籍やヨーロッパ哲学に造詣が深いことを貴ぶ大正教養主義の時代ならいざ知らず、広辞苑が「単なる学殖・多識とは異なり」、「その内容は時代や民族の文化理念の変遷に応じて異なる」と指摘するように、こんにちの日本的教養というものがあっていいのではなかろうか。それは伝統的な日本文化に関わる教養（伝統教養）と、新しい日本文化に関わる教養（新教養）とからなると考えられる。

伝統教養とは、わが国固有の伝統芸能（能、歌謡、歌舞伎、文楽、神楽、古典楽器演奏、古典話芸など）や「芸ごと」（日本舞踊、遊芸楽器演奏、生け花、茶道など）、そして伝統文芸（古典文学、和歌、俳句など）を鑑賞しあるいは自ら習うなど、いまとなっては特殊な部類に属し、その意味ではそれなりに難度の高い趣味となっている。いまとなっては、と言ったが、実は、昭和戦前、大正・明治、江戸後期…と時代を遡っても、これら伝統教養のすべてが庶民の日常に浸透していたということはなかった。民間の里神楽や川柳、都都逸、落語や講談などは彼らの娯楽であったとしても、伝統教養の多くは知識階層や富裕層の多分に衒学的（ひけらかし）かつ社交的な嗜好として為されたものであった。その名残は中・上流層の子女のたしなみとして高度成長期頃までは残っていたような気がする。

では新教養とは何か。新しい日本文化とは何か。これには筆者も確信があるわけではないけれども、クール・ジャパンということばが流行っているなかで、日本のアニメとマンガは日本の大衆文化の国際的トップ・ランナーとなっており、これは単なる若者文化、オタク文化と言って片づけられないものかも知れない。ただしこれを見極めるには世代交代が必要で、あと二〇～三〇年はかかると思う。すでに衰退産業だと言われてもいるようだが、二、三〇年で消滅するようなら、「文化＝教養」というよりは一時的なブームに過ぎないだろう。

筆者が推すクール・ジャパンは、世界遺産に認定された和食文化である。和食と言ってもまさに多様だが、重要なことはそれぞれの料理そのものの魅力だけではなくて、その前提となっている思想面―自然との調和、勿体ない精神と感謝、手間暇を惜しまぬ職人気質、健康志向など―が日本的にして同時に普遍的な価値観として評価されているということにあるのではなかろうか。日本的なものが世界に誇ることができる所以は、日本だけの、日本固有の、日本独自の、という点にあるのではなく、それを世界が共有できる、人類に普遍的である、というところにこそ求められるのであろう。このように考えれば、無理に新教養をつくりだす必要もなく、むしろ伝統教養のなかに現代世界に普遍的な新教養を再発見することができるのかもしれない。

さて、前節で専門学校と大学の実学教育を述べたが、とくに日本の大学の二面性について補足しておきたい。日本の大学制度が他の制度と同じく欧米からの輸入であることは言うまでもないが、戦前はドイツの研究型、戦後はアメリカの教育型という異質のタイプを接合した日本の大学は、研究と教育のどちらも中途半端なシステムになってしまったことは認めざるを得ない。いまでも五、六〇代の旧いタイプの大学教員は旧時代のドイツ型の大学像をイメージし、教育よりも研究を重視しようとする。アメリカ型は学部（教養教育）と大学院（専門教育）という二段階制であるが、わが国では学部教育が教養教育と専門教育を混淆させ、大学院は受け皿がない―就職が厳しい―ためもあって学部の付属のような扱いになっている。

筆者は、社会・人文系の学部教育は何学部であろうが教養教育に重点を置くべきと考えている。学部の種類の違いは世界を覗く窓の違い、あるいは社会を見るメガネの違いであって、それぞれの専門の基本を学ぶだけで十分である。教養としての経済学、教養としての経営学等々を学ぶことが、「人間とその社会」の在り方を探究する出発点になるはずである。簡素で骨太の学部カリキュラムによって、過重労働の弊を軽減することもできる。日本の大学は、そろそろ学部専門教育というドイツ型へのこだわりを捨てるべきではなかろうか。

五、おわりに─生き方を学ぶ─

今回の応募者には教職者（現役・退職）が多かった。入賞者にも八名いる。教員とはなんと学ぶのが好きなことであるか。「教えびと」は「学びと」である。そして経験者はよく知っていることだと思うが、「教えることは、学ぶこと」である。

教える側にも、学ぶ側にも課題は多い。生涯教育と生涯学習、どちらから考えるかによって、問題も異なって見えるだろう。当財団は生涯教育を使命としているが、今回のテーマは「私の生涯学習」である。教育機関はそれなりの理念と方法をもって教育するとしても、教育者という主体を強調して学習者を対象化すれば、そこでの教えは「与える」教育となり、そこでの学びは「与えられる」学習となる。

「学び」とは学ぼうと欲する側が主体的に教えを求めること、と再定義すれば、教育とは学習者に学びの機会を提供することにほかならない。この機会に対する評価は学習者によって異なるのは当然である。わが国の教育の特徴は、教育の側も学習の側も金太郎飴のごとく画一化されている点である。それが長所であり最大の欠点でもあることは、よく知られたことであるが、根本の改善の模様はない。

今回の審査では、応募者の皆さんは「生涯学習」の定義はおろか、その手段にも方法にもとらわれず、自由に、自分なりの「生涯学習」をとらえ、「生きる」という視点から「学び」を位置づけている、ということを気づかされた。皆さんが日常を生きるなかで、何かに学ぶことによって「活きて生きる」という「生活」の本義を実現されていることを知ることができたことは、筆者にとって大きな収穫であった。

最後に大事なことを補足しておかなければならない。冒頭、「人間は学ぶことを得意とする生きものだ」と述べたが、戦争の愚かしさという最も肝心なことを人間は未だに学びきっていない。これは、地球上で最も野蛮で愚かな生きものである人類が抱える永遠の学習課題なのかも知れない。

第一章　自己表現を通じて学ぶ

俳号ぽん太　退職後、知友に誘われ参加した俳句会。俳号は「ぽん太」。一座の連衆が全く自由に発言し合い、それぞれを姓ではなく俳号で呼び、刀も算盤も持たない人々の中に在る解放感に、ぽん太は新鮮さを感じる。自ら一歩を踏み出し前に進む意欲と行動力があれば、世界はきっと広がって行くのに違いない。「人みな仲良く。学びは楽しく」。ぽん太には、過去・現在だけでなく、未来までも見えてきたようだ。

歌の翼に　四〇周年を迎える私が所属する女声合唱団。合唱とは、隣の人と声の質も呼吸も心さえ融和させて歌うことだと初めて知る。三〇数人の仲間が辿った半生は一人ひとり違ってはいるが、その背後に聞こえるのは同じメロディだ。歌ってきた曲の一つを耳にした時、団員だけが共有する時代の息遣いや匂いや喜び悲しみが潮のごとく湧き上がる。これこそ生涯学習の醍醐味だと私は思う。

カンツォーネ　六〇数年ぶりに習い始めたカンツォーネ。いつしか何処かのコンサート会場で、聴衆の前でソロで歌いたいと思うようになる。ある日、都会で見つけたピアノバーで、コンサートの出演依頼を受ける。悪化する体調をおし、妻に支えられて二曲を歌いきる。結果は上々。満足感と酷く疲れた倦怠が混ざり合うなか家路へ向かう車中で、「今まで生きてきた中で一番幸せです」という言葉を思い出す。

私の特技　骨折のリハビリをきっかけに五六歳でタップダンスと出会った私。目標をもって前向きに過ごしていた私だが、プレッシャーに耐えきれず、発表会を降板してしまう。しかし、挫折を経験したからこそ、自分に欠けていたものも解かる。七一歳で和太鼓を始め、先生の言う「打ち抜く」ということが解かった気がする。飲み込みが遅く、物事の意味が解かるまでに、人の何倍もの時間がかかると自称するその「不器用さ」こそが、私の特技なのだ。

転がれ、ヒヨッコ！　高校の国語の教師である私は、五〇歳で役者を目指し、同じ夢を見る仲間たちとつながっていく。お互いを尊重し、心配りをし気持ちよくつきあえるそのつながりから、ついに私は念願の初舞台に立つ。突拍子のない夢でも、夢に向かって研鑽していれば、地道な活動の機会がある。仕事に退職はあっても、人生に定年はない。生きることは、どこまでも、日々転がり転がり、学び続けるということだと私は悟る。

俳号ぽん太

山縣　昭一

七七歳の春、職を辞した。心肺機能の劣化が進んだためである。それまでは放送現場でドキュメンタリー番組の制作に当たってきた。しかし年齢相応に体力の限界に来て居た。これを機に居を、東京から茨城県下の農村部に移した。特別に何かをしてみようとの当ては無かった。空気のいい土地に住みたい、との思いだけだった。

そこへ、

「どうせぼんやり過していているなら、私と一緒に俳句をやりませんか」

という知友が現われた。

「俳句は五・七・五と一七音にまとめればいい。エネルギーもほとんど使わない。認知症防止の効能だって期待できる。仕事は辞めても、脳味噌まで休ませてはいけません」

句会は隔月に一度東京の赤坂で、指導はホトトギス系の某有名俳人、集りの名は放送人俳句会と知らされた。放送界のリタイア組を中心に、二〇人ほどが集るという。

「皆んないっぱしの俳人を気取っていますが、まあまあヘボの集りですよ」

彼の言葉に乗って、次の句会に出掛けて行った。座に在るのは全員が初対面だった。新入りのあいさつをすると進行役から、いきなり質問があった。

「で、俳号は何んと？」

「えっ、俳号ですか」

「はい、ぜひ御披露を」

フーム、と考えこんでしまう。さまざまな俳人の名が脳裡をかすめる。芭蕉、蕪村、一茶、ええとそれから。切っぱ詰まって口を開いた。

「では、ぽん太、ではいかがでしょう」

「ぽん太、ですか」

「そうです。もう役立たずなのでぽんこつ。ぽんこつの古狸、これを縮めてぽん太」

一座からどっと笑いが起った。それで俳号が確定した。

出句は一人七句で、季題「若布」のほか当季雑詠と、放送用語を詠みこんだ句。批講の結果この日の最高点は、次の一句になった。

海女小屋に卓袱台一つ若布汁

人もおどろけ我れもおどろくとはこの事であったろう、作者は初参加の新人ぽん太だったのである。

「ぽん太さん、実は相当やっておられますな」

「景がくっきりと見えます」

「しかし海女と若布、季重なりにはなりませんか」

さっそく歳時記をパラパラとめくる人も居る。新人のたった一句をめぐって、しかし全員が真剣、さまざまな意見が飛び交う。作者自身の説明も求められた。句は以前、房総半島の漁村で出会った実景だった。そうか、と自得するところがあった。俳句とは目の前にある現在だけではなく、体験した過去も写し取れる装置なのだと気付いた。

この句会で得た収穫は大きいものがあった。一座の連衆が全く自由に発言し合うことや、それぞれを姓ではなく、俳号で呼ぶことも新鮮だった。例えば鈴木太郎さんの場合なら鈴木さんとは呼ばず、単に太郎さんと呼ぶ。男女の別も無く、田中花子さんなら花子さん、ぽん太はぽん太さんなのだ。刀も算盤も持たぬ人びとの中に在る解放感、これはぜひ大切にしなければと思った。

俳句の魅力に取りこまれてからというもの、自然は元より世に在る四方八方へ、目配りをするようになった。次つぎに新しい発見があった。たとえば俳聖松尾芭蕉はこの地に祀る鹿島神宮に参り、旅吟一句を残している。

旅人とわが名呼ばれん初時雨

翁は一句を紙にしたため、長慶寺なる寺の境内に埋めたとされている。その寺は隣町の潮来市内に現存していると知った。さっそく家人と参詣に行った。山門からお堂まで、桜並木が美しかった。

翁の跡を慕って、小林一茶も神宮参りに足を運んでいる。その七番日記によると、師は潮来の宿に一泊して翌日北浦の小湖を渡り、「武井という里を通りて」神宮に向かった、と書き残している。武井とはまぎれもなく、わが住む集落の地名ではないか。二〇〇年からの昔一茶は、ぽん太朝夕の散歩道あたりを通って行ったと思われる。こうして俳句は、わが身にいよいよ近いものとなった。

仮りに俳句と出会わず別途の生涯学習だったとしても、自ら一歩を踏み出し前に進む意欲と行動力があれば、世界はきっと広がって行くのにちがいない。過去を通して現在を見たりできるとは、新鮮としか言いようがあるまい。

俳句に戻って更に思えば、日本語の多彩さ、陰影の美しさに改めて感銘を受ける。アフリカでナイル河の畔りだったが、高さ七、八メートルの大木が立っていた。繁った枝の先ざきに黄色い花が群らがり咲いていた。ミモザか菩提樹か、どちらでもなかった。同行の現地人に訊ねてみた。

「あれは何んの木ですか」

「ああ、黄色い花の木ですよ」

事も無げに答が返ってくる。ハワイでも同様のことがあった。雀ほどの、しかし羽に斑点のある野鳥が何羽も足元に寄っててくる。

「これ何んという鳥？」

「これは鳥です」

「だから種類を聞いているのですが」

「種類は鳥と言います」

実にシンプルで、分り易いと言えば分り易い。しかし一つ一つの語に奥行きが無い。これでは五・七・五という短い詩型の文芸は、生まれようがあるまいと思ったりした。それにしてもぽん太という俳号は、とても気に入っている。最初の句会で苦しまぎれに浮かんだ名だったが、滑稽味だけでなく明るい響きで憶えやすい。畏った語感が無いことがいい。

インドネシアにロンボクという島がある。バリ島のすぐ隣りで、広さは東京都の二倍余りある。島民の八割はササック族と言われ、独自の習俗を持ち、日常語にもササック語が使われている。主な集落には一週間に一度、島内巡回の朝市が立つ。ビーチの砂地などにテントを張り、主として日用品を売っている。フルーツ、野菜、香辛料、煙草、織物用の糸、電池、ガソリンなどなど。

こちらは好奇心も手伝って散歩がてら行ってみるのだが、あちらも又好奇心いっぱいの人びとだ。すぐに人垣に囲まれてしまう。身ぶり手ぶりで質問が飛んでくる。

「何処の国から来たのか」

「いつやって来たのか」

「何処に泊っているのか」

こちらも身ぶり手ぶりで答えるが、質問は終らない。

「で、名前は何んというか」

「名前はヤマガタ」

「ヤタマガ」

「ヤ・マ・ガ・タ」

「ヤ・ガ・マ・タ」

困ったなとつい笑ってしまったが、すぐに思い付いて言い直してみた。

「マイ・ネーム・イズ・ぽん太」

「おお、ポンタ！」

人びとの間からも、ポンタの声が上がった。以後行く先ざきでこの名は呼ばれることになる。

「ポンタ、取れたてのマンゴおいしいよ」

「ポンタ、元気もりもりになるジュース、一杯いかが」

「ポンタ、山羊を買って行かないか」

本気なのかどうか、生き物の山羊まで売ろうとして来る。

「それがこの島のやり方なのですよ。売り買いもありますが、彼らはあなたとのコミュニケートを嬉しがっているのですよ」

と、戻ってきた宿で教えられた。島には島のやり方があるのだった。地球を俯瞰的に見れば、それぞれの国や地域に素晴らしい文化・習俗を持つ人びとが生きているのだ。

島ことば憶えて朝のマンゴスチン

俳句にはならないと思いこんでいた異国の島で、忽然と一句が生まれた。思えば学生時代尊敬している一教授から、「学校側から教わる前に、自ら学びたいと思え」と言われた。道は自分で開けの意だったろう。現役中はこの一念で歩いてきたが、生涯学習はこれをそのまま繋げて行けばいいのだと思う。

「人みな仲良く。学びは楽しく」

今年八七歳。ぽん太には過去・現在だけでなく、未来までも見えてきたようである。

俳号ぽん太

歌の翼に

荻原　美和子

♪『眼をつむる　みえてくる
　心のなかの　ちいさな果樹園
　枝あいに　ゆれている
　たくさんの日々
　生きてきた「時」の実りよ』♪

気が付けば常にフンフンと鼻を鳴らしている。小皿を洗いながら、バスタブにお湯を張りながら、表を掃きながら。桜もハナミズキもみずみずしい青葉に替わり、コンサートまであと三か月。今回は三十五年前に初演したこの伊藤海彦作詞・中田喜直作曲女声合唱組曲『小さな果樹園』を想いも新たに再演する。以前は旋律の美しさに涙したが、今回は詩の重さ、深さに打ちのめされる。若い頃は気付きもしなかった言葉の意味が、今は魂に染み入ってくる。

三十五年前と言えば、私はまだ四十のはじめ。三人の子供を次々と受験の戦場に送り込み、立ち上げたばかりの夫の会社をサポートし、家事をこなし、学校の役員を引き受け、老いはじめた両親に手を貸し、常に見えない日の丸かバンダナの鉢巻を額に引き結んでいたような生活だった。

そんな私を「自分のためにも一つぐらい楽しみを持ちなさい」と友人が誘ってくれたのが、或る私立高校のＯＧが結成した女声合唱団だった。デビューコンサートを聴きに行って、何とも透明感ある声に癒されて入団した。各パート十二、三人ずつの三部構成で、大学生、教師、ＯＬ、主婦など様々。学生時代音楽を専攻した人が多く、かなりレベルは高い。歌っているより笑っている時間の方が多いほど陽気でユニークな指揮者の指導に時を忘れ、週一の練習が待ち遠しくなった。合唱とは、隣の人と声の質も呼吸も心さえ融和させて歌うことだと初めて知った。

レッスンが終わって、三々五々と繰り出す駅ビルのランチ。箸をおいて、その日取り組んだ曲の解釈について夢中で語り合う。

　人前で恥をかくことや間違いを認めることを恐れる女特有の背伸び、気取りがこの集団には全く無い。

「ちょっと音程が低いんじゃない？」

「ここの入り、遅れるよ」

「今日の声の質、暗いわね」

ずけずけ指摘されても動じない。

「あ、わかる？昨夜残業でこき使われてさ」

「実は今朝、出がけに夫とやり合っちゃって」

「ちょっと歌ってみるから聞いてて」と爽やかに受け入れる。

　時として陰湿に陥りがちな女性集団の難しさが見事に払拭されているのがこの団の魅力だ。それは、一つの目標に向かって皆が長い年月同じ苦労や努力を経験してきたことによる一体感の所以に違いない。

　長い年月……そう、我が合唱団は今年で四十周年を迎える。

学生だった団員は卒業、就職、結婚を経て、今では押しも押されもせぬ肝っ玉母さんだ。幼い子を背中に括り付けて歌っていた若い母は子供たちを育て上げ、両親を見送り、退職した夫と静かな二人暮らしを満喫している。その隣には老いた親の介護に邁進する友が居り、孫の自慢に目じりを下げる人、病を克服して長い休団から戻った人……。穏やかな老後を迎えた矢先、夫に先立たれた人も四人居る。そして団員本人が鬼籍に入った人も三人。

小さな練習場に集まった仲間の中に、まさに人生の縮図がある。女の半生が凝縮されている。三十数人が辿った半生は一人一人皆違ってはいるが、その背後に聞こえるのは同じメロディである。言い換えれば、今まで歌ってきた曲の一つを耳にした時、団員だけが共有するある時代の息遣いや匂いや喜び悲しみが潮のごとく湧き上がってくる。これこそ、生涯学習の醍醐味ではないだろうか。

二十七年前、父が肝臓を患って入院した。母に替わって毎日病院通いをするうち、若い頃は、マンドリンで弾き語りをしていた音楽好きな父と私は、病室で声を合わせて歌うようになった。父のお気に入りは、その年のコンサートで歌う日本歌曲の「砂山」。山田耕筰と中山晋平の同詩異曲を歌い比べ、歌詞の情景を、私が子供時代に暮らした静岡の荒海に重ねて、懐かしい思い出話に移っていく――。けれど、入院が長引くにつれ、父の歌声は力を失い、一番と二番の歌詞がごちゃ混ぜになり、ふっと途切れた父の顔は病室の窓が切り取った青い空のもっとずっと先へと虚ろに向けられているのだった。

♪『海は荒海　向うは佐渡よ　すずめ鳴けなけ　もう日は暮れた……』

そして、メロディもおぼつかなくなり、私一人が子守歌のようにハミングする中、やがて静かに父は逝った。

一人になった八十近い母をスープの冷めない距離に住まわせ、「へい、お待ち！」と毎日食事を届ける生活が三年。その後は十七年間の同居生活が続いた。厳しい日常ではあったが、コーラスをやめるという選択肢はどこにも無かった。晩年は寝たきりとなった母の襁褓を替えた手に大急ぎでマニキュアを塗り、練習場へ向かった。

どうしてもピアノに向かう時間が取れず、トイレの中やバスルームにまで歌詞カードをぶら下げた。そして練習場のドアを開ける寸前、深呼吸と同時に精いっぱいの笑顔を作っていた私。

あの頃、実はね……と打ち明け話をしてみれば、あっちからもこっちからも歯を食いしばった辛い一時期の想い出話が飛び交う。みんなみんな、血の色の涙を爽やかな笑顔で包み隠して乗り越えてきたのだ。

「よく頑張ったよねぇ」と思わずハモる。

毎回舞台の上から客席の母を探した習慣も叶わなくなり、ライヴのCDを聴かせたことがある。母はその中の一曲、北原白秋作詞『城ケ島の雨』に魅せられ、毎日飽きもせず口ずさんでいたが、その中の一節がどうしても音が取れないと何度も私に助けを求める。

「『それとも　わたしの　忍び泣き』ってところ、ちょっと歌ってみて」

母の聴力では間違いを正すのが酷に思え、おかあさんが好きなように歌えばいいのよ。と、その度に言う。介護度五の母の五感は次々と失われてゆき、老いることのすさまじさを目の当たりにした。それでも私は悲壮な顔を見せたくなくて、

「おかあさんから眼鏡と入れ歯と補聴器をとったら、ただののっぺらぼうだね」

と憎まれ口をきき、二人で笑い転げた。

一日の母の世話をすべて終え、台所を片付け、ドタリとソファに腰を下ろす頃、母の部屋から異様な声が響いてくる。夫がびくりとして「なんだ、あれは。行ってやらなくていいのか」と聞く。

「大丈夫よ。おかあさんが歌ってるの。気分が良い証拠よ」

『城ケ島の雨』は、苦手なところで振出しに戻り、エンドレスに回る。その地底から響くうめき声のような、もはやメロディを持たぬ歌声さえ、眠気を誘う子守歌に聞こえた疲労困憊の私だったが、顧みればもっと耳元で一緒に歌い、何度でも間違いを正して本人が満足するまで導いてあげるべきだった。私という介護人の優しさはこの程度だったのかと、この旋律に触れるたびに胸が潰れる。

♪『たくさんの　言葉と涙
　生きてきた「時」の実りが　いま
　私にみせる　鮮やかなこの世

目をひらく　みえてくる

いきいきと輝いている一日
だれのでもない　私の一日』♪

小さな果樹園には、つぶらな果実の形した「時」の実りが艶やかに熟れている――。と続く。

モーツアルトのドイツ語と格闘していたころ、娘の初出産に立ち会い、トスティのイタリア語を念仏を唱えるように覚えていた頃、夫が癌の手術から生還した。

コンサートを含め、一年間で習う歌は平均して約三十五、六曲。二年に一度のコンサートが今年で二十回目を迎えるから歌った曲は七百曲を超える。

結成四十年。団員一人一人が岐路に立って考えている。老醜をさらす勇気はあるのか。曲を理解し、暗譜する能力は維持できるのか。何よりも体は動くか。

けれど私は思う。例え杖をついても、腰が曲がっても、白髪を隠せなくなっても、それは培ってきた鍛錬の長さの証ではないのか。なによりも、声の若々しさが少しも変わっていないことに胸を張るべきだ。

いつものランチタイムで私は言った。

「切りの良い年数に来たからって、立ち止まらなくてもいいんじゃない？　生涯学習って死ぬまでってことでしょう。第一歌のない生活なんて考えられる?!」

フォークに絡めたパスタを皿に戻して、全員が大きく首を横に振った。

そんな私達の背中を押すように、窓の外では大輪の紫陽花が、初夏の風に何度も頷いたような気がした。

カンツォーネ

七里　彰人

郊外の大型スーパーにはあらゆるものが揃っている。品物だけではない、レストラン、ＡＴＭ、プール、文化センターまである。その教室には絵画、写真、工芸をはじめ五、六十もの講座がある。

仕事から解放されて久しい、暇だ。写真か、水彩画でも教えてもらおうかなと覗いてみると、教室から歌声が聞こえてきた、ピアノの伴奏も聞こえる。係りの女性に聞いてみると見学も出来ますよと云うので中へ入るといきなり聞き覚えのある歌が始まった。中学生の頃懸命に練習したことのあるカンツォーネだ。あれから六十数年が過ぎたが、覚えているもので、見学する筈が一緒に歌い始めていた。指導している声楽家の先生がピアノを弾きながらこちらを見ている。男の声が加わったので驚いたのだろうか、なにしろ生徒達は「うん十歳」くらいの女性ばかりなのだ。少し気おくれがした、がしかし……。

中学三年の頃、私はクラシックの歌手になりたいと云って親を困らせたことがあった。音楽課程のある高校へ入りたいと云ったのだ。親たちは猛烈に反対した。考えてみれば当然で、昭和三十年頃の世相を思い出しても我が家の貧乏さかげんを今から想像してもそんな余裕はどこにもなかったし、音楽についての理解も環境も希薄であった。うちの子にそんな才能がある筈はないと。普通課程を出て、早く一人前になってほしかったのだろう。今考えれば、私にも確固たる自信があったわけではなかった。ＳＰで聴いたクラシックの歌手の声に憧れたに過ぎなかった。

やがて高校入学の試験勉強の日々の中で何時しかその気持ちは薄れていった。

社会人になって、工場の昼休みや、営業マン時代の取引先の商談室でバイヤーを待つ間や、定年間際の暇なデスクで、ふと昔は歌手志望だったことを思い出すことはあってても、ささやかな想い出にすぎなかった。

歌手になるにはもう遅いし、お笑いだけれども、人前で歌うくらいな声は出る、この教室で残りの日々を楽しもう。何処かに野心が残るうちは生きているのだ。入会手続きを済ますまでに一時間とはかからなかった。

二年が過ぎた。二週間に一度の教室を一度も休まず、先生の自宅でも個人レッスンを受けたり、先生のクラブの音楽合宿に参加し、高原のペンションでレッスンを受けたりして夢中になったが、気が付くともう七十七才になって、グループでは最年長者と云われるようになっていた。年齢からくる焦りの様なものが出てきたのだろう、いつしか何処かコンサート会場で聴衆の前で一度でいいからソロで歌ってみたくなった。教室主催のコンサートは毎年何回か開催されて小さな舞台で歌うのだが、会場には共に歌う仲間たちが交代で聞いている状況なのだ。

そんなある日、数枚の楽譜を持って都会へ出かけて見つけたピアノバーという店へ一人で飛び込んだ。ピアノの伴奏でコーヒー一杯とつまみつきで三曲三千円で歌わせてくれる。客は常連ばかりで全員が歌うためにきていて、なかには十年も通っている女性もいるそうだ。しかし此処も女性ばかり、そしてシャンソンばかりだ。カンツォーネを二曲、ポピュラーを一曲歌うと、拍手が鳴り伴奏のピアニストが「おみごと」と云った、店のママが傍らへやってきて云った。

「二か月後にコンサートをします、貴方出演なさい、今日の歌でそのままで大丈夫、どちらで歌っておられたの？」と。戸惑いも無かった。心の中では、しめた！と思ったが

「よく考えてご返事します」と云うと、

「音合わせとか、リハもあるし、早めにね」

聞けばピアノとアコーデオン、ドラム、ベースも付くという、そんな伴奏で歌ったことは今まで一度もない。

「やってみます」と返事してしまった。

二か月しかない。まず選曲と、自分に合ったキーを決めて正確な譜面通りのしっかりした音を長さも高低も強弱も歌詞の理解も身につけねば、そこからパッションや悲しみや嬉しさなど感情を聞く人に訴えねばならない。先ず歌詞を見ずに歌えることからはじめよう、忙しくなる。

教室の先生に許可を求めると、

「ぜひやりなさい、十回のレッスンより一回の舞台です。特に大勢のお客の前で歌うのはね」

若いころイタリヤの舞台でも、今でも国内の舞台でドラマチックソプラノとして活躍している先生はそう答えて、歌う曲の個人レッスンを引きうけて下さった。

さあこの日がやってきた。今から十分するとコンサートの幕が上がる。十数人のソロで歌う出演者と共に午前中のリハーサルを済ませ、さて本番である。十年以上も毎年歌ってきたベテランもいれば私のように初舞台の者もいる。はたして、練習通り歌えるだろうか、いや歌詞も何もかも忘れて、すっかりあがってしまうのか。二曲のカンツォーネの日本語とイタリヤ語の歌詞を百回は練習したではないか、もし忘れたらやはり素人の年寄りだなと思われてしまう、集中しよう、集中するのだ。この齢でしかもソロで二曲も歌わせてもらえるのだ、これが夢だったではないか。最近体調悪く主治医の先生から紹介された大病院の脳神経外科の診察をコンサートの後に無理に伸ばしてもらった事も忘れて集中しよう、コンサートが終われば入院でも手術でも、何でもするさ。幸いなことに妻が積極的に応援してくれる、この衣装も曲に合わせて白い上下のスーツに黒い帽子、チェックのネクタイ等用意してくれた。六十代の頃ヨーロッパへ夫婦で旅行した時オペラを観るため用意しただけでもったいない事をしたと失笑していたのがここで役にたった。妻はコーディネイターで批評家でマネージャーである。

思えば現役時代も思い切り自由奔放に仕事をさせてもらった。単身赴任を十四年続けて、子供が小学校六年から中学高校大学を出て社会人になってから初めて家へ帰ってきた。それでもいつも妻は前向きに明るく接してくれる、感謝だ。

ベルが鳴った。会場の裏からマイクでピアノ、アコーデオン、ベース、ドラム奏者の紹介のあと、すぐ演奏が始まった。私は一部では三番目、二部ではトップである。一部では００７の主題歌「ロシアより愛をこめて」を英語で歌い、二部ではカンツォーネの「カタリ・カタリ」を日本語とイタリヤ語で歌う。十三人の出演者の内男性は二人だけ、女性が主役、それに殆んどがシャンソンで語りかけるように歌う。私の歌は声が生命、声量が無くてはいけない。幕の間から覗いてみると観客はかなり入っている。三百人くらいか暗くてよく見えない。ギリシャ劇場のようにすり鉢型になっていて三方の上に客席がせりあがって、すり鉢の底に舞台があり暗闇の中をスポットライトが歌手を捉えている、歌いやすいかもしれない、客の顔が全く見えない。腹筋を使い副鼻腔から前へあるいは背中の後ろから前へ声を大きく出す歌唱法なので上へ顔を向ける、こちらから見えなくても、私の表情は客には分る筈だ、表現は伝わるかもしれない。曲名と名前を呼ばれて舞台へ登場した時少しの自信と自分でも集中していることを感じていた。

一曲目は映画音楽、ルンバ調にアレンジしてテンポに乗りやすい、英語の発音をはっきりと００７映画の英国スパイの危ない恋愛シーンを脳の一部に置いてリズムに乗る、間奏の部分でジェームズボンドのつもりでジェスチャーを容れた、観客に少し緩んだ空気が流れたのが分った、ラストの長く伸ばす高音はバンドのおかげで無難に終わった。

二曲目は二部のトップでプロのハープ奏者が「引き潮」など三曲弾き終えた後の静かな拍手の次。私の歌はクラシックの部類に入るからとパバロッテイやドミンゴが歌う曲「カタリ・カタリ」をトップにもって来たようだ。

一番は日本語で歌詞の薄情な心をはっきりと感情を込めて歌い、二番のイタリヤ語はイタリヤ語らしい甘く切なくしかし大きく伸び伸びと張るところは張り、引くところは引いて練習してきた、声が良く出ていた、思い切ってラストを歌い上げた。

終わった。天井へ向けて伸ばした手を下ろして胸にあてお辞儀をした、と大きな拍手が興った。何人かが「ブラボー！ブラボー！」と叫ぶのが聞こえた、一人の声が妻のものであることが分った、暗闇のなかで何人かが立ち上がって拍手しているのを背中に感じて幕のそでに戻った。フィナーレで観客と一緒に歌った後、出演者全員ロビーで観客に挨拶をした、知人たちもいて花束を幾つも頂いた、誉め言葉に涙が出た。

これで終わりにしよう、すぐ後に延ばし延ばしにしてきた診察とＣＴ検査が、いや場合によっては手術と入院が待っている。これで終わろう、この齢でこれ以上声は出ない、満足感と酷く疲れた倦怠がない交ぜになって、ぼーっとしたまま打ち上げを済ませ、小さな軽自動車の後ろの座席に衣装と花束を積んで、夜の田舎道を我が家へ走った。

都会から国道一号線へ、そして照明の暗い田舎道を走る。誰かが云っていた言葉を思い出した、

「今まで生きてきた中で一番幸せです」と。

私の特技

谷田部　和子

タップダンスと出会ったのは、五十六歳の時だった。

当時私は、精神科の病院に看護師として勤務していた。

その日は日曜日。私は、洗濯物を干す患者さんに付き添って外に出た。芝生で気がつかなかったが、ほんの少しの段差に足をとられ、一瞬よろけて、右足に〝ごりっ〟という音を聞いた。捻挫かなと思いつつ、早退することもできないので、左足でケンケンしながら、夕方までの業務をこなした。が、それにしては痛すぎる。帰宅するため車に乗り込んだが、さて、どうやって運転したらいいのだろう。

なかなか発進出来ないでいると、同僚が心配して様子を見に来てくれた。

「大丈夫！」私は笑顔で応えた。

親指でアクセルを踏んでみた。何とかいけそうだ。かくして三十分、痛みと運転の不安を乗り越え、無事帰宅することができた。

ところが、玄関に入った途端、その場に倒れた。なかなか茶の間に姿を見せない私に気が付いて、夫が出てきてくれた。

事情を話すと、リハビリの仕事に就いている夫が、段ボールを切り裂いて患部を固定し、弾力包帯を巻いてくれた。すると、あれ程ひどかった痛みがウソのように消えた。

翌日、病院に行くと、中足骨が二本折れているとのこと。ギプス固定、松葉杖の生活になった。

骨粗鬆症の私は、骨が曲がってついてしまったらしく、痛みがひどかったら、手術をしましょうと、主治医に言われた。でも、我慢出来ないほどの痛みではなかったし、自力で頑張ってみたいと、私は遠慮がちに言った。

楽しくリハビリが出来るものはないだろうかと、パラパラ電話帳をめくっていると、「タップダンス、高齢者歓迎」という文字が目に止まった。（タップダンスってなんだろう）私はタップを知らなかった。

スタジオ見学に行って、衝撃を受けた。

エネルギッシュで可愛らしく、それなのにセクシー。私はすっかりタップの虜になってしまった。何より驚いたのは、自分の中に、まだ、感動するというエネルギーが残っていたことだった。

その頃、阪神大震災で被災して、ＰＴＳＤに苦しむ次女を支えてやることも出来ず、自らも、その渦中でもがいていた私。更に、自宅で父の死を看取り、その哀しみから這い上がることが出来ずにいた私。

そんな私の、深い所で、何かが蠢きだした。

即、入会の手続きをとった私。

そして、早速レッスン開始。

レッスンに通う度に、少しずつ、自分が変わっていくのがわかった。理屈抜きに楽しかった。仕事の帰りにスタジオに直行で、汗が〝ピュッ〟〝ピュッ〟と床に飛び散る。化粧など剥げ落ちて、まるですっぴんの私。それさえも心地よく「私、生きているんだなあ」と、初めて出会う自分が愛おしかった。

「力を抜いて」と先生が言われると「え?力を抜いて踊るということは?力を抜いて生きるということ?」と、私にとって、ダンスは人生そのものだったから、ほぼ同時進行で、前へ前へと突き進んでいったように思う。

そして目標が出来た。七十歳になったら、自作の詩の朗読をして、タップを踏んで、生前葬ライブをやるのだと。

夫と娘たちを混乱させてしまった、献体の登録も済んでいるし、七十歳になるのが待ちどおしかった。

その年のタップダンス発表会の曲は、マイケル・ジャクソンの「モンスター」に決まった。六十代最後に、タップと、自分の生き方の立ち位置を確立させたい、そんな思いが重なって、私は最後の出場を決意した。

彼は、児童虐待や、何度もの整形手術、薬物依存、そして死因への疑惑など、未だに解明されていない部分が多いと聞く。

私は、独特なあの風貌に強く惹かれる。

レッスンは、今までになく厳しかった。

「ダメ！その程度の怒りですか？」

「ちがう！苦悩はそんなもんじゃない！」

孫のように若い先生の本気が、ビシバシ体当たりしてくる。恐いくらいだった。

あれもこれも、それもこれもと、先生の注意が頭の中を堂々巡りして、パニックだ。

レッスン中の動画を帰宅してから見て、愕然とした。先生に言葉で注意されている時には気づかなかった諸々が、一目瞭然。

「あんた、やる気あるの？」

「見ているだけでイライラする！」

そう自分に怒鳴りたくなる踊り方だった。

私は精一杯、気持を込めてタップを踏んでいるのに、それが表に現れないのだ。

何処に原因があるのだろうか。わからない。

発表会まで、一カ月を切った。私のモンスターは、間に合うのだろうか。

自分で、自分の踊りにＯＫが出せない。

そんな自分との闘いの、レッスンのある日、私は動悸と胸の痛みを覚えた。それは、日常の生活にも及び、動悸が喉元まで上がってくると、呼吸が苦しくなってきた。足元が、ふうせんの上を歩いているように、ふわふわとおぼつかない。どう表現したらいいのだろう。

レッスンのことを思っただけで、あるいは、スタジオのある建物が見えただけで、言葉にならない不安が、ざわざわと胸を掻きむしり、まるで、私の中に、得体の知れない怪物が棲みついてしまったようだ。

そんな状態が一週間以上続いた。（いけない！）。私は逃げている自分に気がついた。日増しにそれらの症状は強くなり、顔の浮腫みを夫に指摘されるようになり、遂に病院を受診したが、どこにも異常はなく、でも、私は発表会の降板を決意した。

すると、どうだろう。身体症状の全ては消えてなくなった。

なんという、人間の心のカラクリの複雑さ。

こうして私は、チームのみんなに迷惑をかけ、脱落者になった。

改めて、歳を重ねるとは、こういうことなのかもしれないと実感する。今までは、プレッシャーがあっても、はねのけるエネルギーがあった。それに、むしろ、それが原動力でもあったのに、と。

そして三月二十五日、東京ドーム、シティホールの舞台。ヤングもキッズも、ちょっとシニアも、みんなスポットライトを浴びて、自分の中のモンスターを感じながら、輝いて踊っている。

私は、当然のことながら客席だ。

でも、敗北感はなく、挫折した自分を受容出来た私だからこその、発見があった。

「あ、あの人、頭で踊っている！」

それが見えた。どこも、間違ってはいないのだけれど、何も伝わってこない。

（そうか、そういうことだったのか）私に欠けていたものがわかった。

私は、自己肯定のチケットを握りしめ、新しい、自分のタップの出発点に立った。

私が変わるとダンスが変わる。ダンスが変わると、そこでまた私が変わる。

きっと、成長していくということは、そういうことなんだろう。以前にも、そんなチケットを握りしめていたような気がする。

それは、詩作を始めて五十年。詩作しながら私は、諸々の気づきや発見に支えられて、今居るこの場所に辿り着いた。そこは、私にとって、セルフカウンセリングの場所であった。それに似た匂いであったかもしれない。


古希を迎えても、まだまだ元気だったので、ライブは七十五歳に延期した。ひとつずつ、課題を乗り越えながら、充実したタップ人生だったが、片足で、爪先立ちでステップを踏むことが、困難になってきた。

膝への負担が気になってきたのだ。

十五年の間、いちどもやめたいと思わなかったタップを、終わりにしようと決意した。三か月ほど、ボーッと、何もする気が起こらずに居たが、新聞の折り込みで和太鼓というものを知り、早速体験レッスンを受けた。

タップの時のような、衝撃的な出会いではなかったが、深い感動が、じわじわと体の奥のほうに湧いてきて、七十一歳の私が入会。

月に二回のレッスンで、バチの持ち方から教えて頂いた。四月に入って、二年目を迎える。男女八人の生徒が、それぞれの思いで、太鼓に向かう。心に届く音色を目指して、太鼓に向かう。難しいリズムにチャレンジする。

私は、太鼓は叩くものだと思っていたが、打つ、ということを学んだ。更に言えば〝打ち抜く〟のだと先生は言われる。私にはまだわからないが、先日、不思議な体験をした。

太鼓は、神仏との交信の楽器と聞いているので、私は「さようなら」を言えずに別れてしまった、大切な人に届く太鼓が打てるといいなと思いながら、心をこめて、両手でバチを一気に振り下ろした。その瞬間、今までに聞いたことのない、力強く、芯のある、しなやかな音が鳴った。太鼓の胎内で、何かが呼応しているように聞こえた。

その時一度だけだったが、もしかして、それが〝打ち抜く〟ということだったのかもしれない。

先生の言われた言葉を思い出していた。

「太鼓は、打つ人の人生、気持ちそのままに響いてくれます」という。

きっと、頭を通さないで、ということを教えたかったのかもしれない。

しみじみと思う。私は不器用で、飲み込みが遅いから、人生も、タップも、太鼓も、その意味が解かるまでに、人の何倍もの時間がかかる。でも、努力することは嫌いではないから、深く学ぶことができる。この不器用さは、きっと、私の特技なのだ。

転がれ、ヒヨッコ！

村松　靖彦

五十歳になってしまった。

孔子いうところの、知天命の歳である。大学を卒業して、すぐに私は郷里長野県で高校の教師となった。国語を教えている。青春まっただ中の高校生と常に接しているせいだろうか、自分が歳をとっている実感がなかった。三十になったときも、四十を超えた十年前も、これといった感慨はなかった。時間は川のように流れ、一歩一歩階段を上がり何かを積み上げている、というような到達感からはほど遠かった。日々の職責をこなすことに精一杯で、人生の目標というようなものもなかった。

「十五歳で学問を志し、三十歳で独立した孔子は、四十歳で自分の生き方に迷いがなくなり、ついに五十歳にして、天が自分に与えた使命を悟ったのですね」

授業では、こんなことを何度も語ってきた。しかし、私の「天命」とは、いったい何だろう。わからない。やはり孔子は偉大だったのだ。はじめて私は、来し方を反省した。ひょっとすると、自分はずいぶんつまらない生き方をしてしまったのではないか。いまさら「天命」などと、大それたことは言うまい。とりあえずは当面のこと、直面するのは「定年」だ。あと、十年。その先の人生を、どう過ごすのか。何ができるのか。

心のどこかに、棒を突っ立てたような重いものが居座ってしまった。

そんなある日のこと、ぼんやり新聞を眺めていると、ある広告が目に入った。「四十歳からのシニア・コース受講生募集」とある。都内に拠点を置く、某芸能アカデミーだった。心の棒がぶるんと震えた。これだ。根拠はないが、一瞬で決めた。俳優なら定年はない。歳を取ればとるほど、渋みと深みのます名優だっている。

教員を退職したら、役者になろう！

妻に話すと、正気とは思えないと言われた。一瞬ためらったが、「ここで冷静になってはいけない」と、どこかで声がした。苔むしてはならない。転がれ、転がれ。七十歳を超えて枯れもせず、わびさびもせず、ステージでロックし続けるローリング・ストーンズのように。

早速申し込みをし、受講開始である。毎週日曜日、信州の片田舎から、新幹線で片道約二時間かけて都内に通う。主に発声や朗読を中心とした講座で、プロの俳優からレッスンを受けるのだ。とはいうものの、私は二十年以上も、教壇に立ち国語を教えてきたのである。もちろん教科書の朗読だってする。そんなのお手の物だ、と思っていた自信は、しかし瞬殺、あっという間に霧消した。

「歌うような節をつけてはいけません」

「言葉一つ一つをきちんと立てて下さい」

「相手との距離感や、その場の空気感を出して下さい」

我流でやってきた教科書朗読などでは、まったく通用しない。いやむしろ、はっきり、くっきり、教室中の生徒に聞こえるように声を張り上げる長年の癖がしみこんでいて、言葉に込められた微妙な感情を殺してしまう。

「大きな声を堂々と出せるだけでも、立派なものですよ」と先生が慰めてくれる。「技巧に走らず、形からまねをせず、感情をきちんと入れることがなにより大切です」

何事も、そう簡単に上達するものではない。常に教室で、自分が生徒に言ってきたことではないか。甘さを痛感した。

講座に同期の仲間が八人いた。保母さん、会社の事務員、放送局勤務、営業マンにトラック野郎などなど。四十年以上の人生をそれぞれに過ごし、仕事でもそれなりの苦労をしてきたに違いない者たちが、ここではじめて出会った。つながれ、つながれ、同じ夢を夢見て。先生から厳しくダメ出しされたときなどは、翌週の受講前にみなで集まって、必死に練習した。昼食をともに囲み、時には稽古のあと飲み会もした。カラオケなどに行くと、レッスンのセリフをおふざけで演じあったり、役者気分の楽しいひとときであった。

職業人になってからというもの、仕事のつきあい以外で人と知り合うことは、ほとんどなかった。ましてや、気の置けない友人というような出会いとは、縁遠くなっていた。はた目には無鉄砲と言われるような夢を持ちながら、だからこそお互いを尊重し、心配りをし、気持ちよくつきあえる。そんな友人たちと出会えた喜びは大きかった。その中の何人かは、オーディションや写真選考を経て、ＣＭやドラマ、映画のエキストラなどに出演するチャンスも得た。

アカデミーでの受講は、二年で卒業である。それ以降は、別途アカデミーが運営するプロダクションに所属し、チャンスを待つ者もいる。人並みとは決していえない容貌のためであろうか、私はこの二年間、エキストラの出演さえ一度もなかった。演技力もそれほど上達しなかった。夢の実現ははるか彼方だ。転がれ、転がれ……だが、卒業後どうしたらいいのか。途方にくれていると、講座仲間の一人である水下さんから、誘いの声がかかった。

「私が個人的に師事している先生の稽古を、受けてみませんか」

水下さんは若いころ役者をされていて、テレビドラマの主役も張ったことがある実績の持ち主だ。結婚を機に一度は役者を引退され、その後事業を起こし活躍されていた。しかし七十歳を目前にして、もう一度舞台に復帰したいと考え、アカデミーを受講していた。

「あなたはなかなかユニークな資質をお持ちだし、何より長野からはるばる通ってい る情熱は本物です。よろしかったら、先生に紹介して差し上げましょう」

うかがえば、水下さんが以前役者をされていたころ、同じ劇団にいて、脚本や演出などを担当されていたK先生と、最近偶然再会し、師事したとのこと。K先生は八十歳を超えてなお、小説や脚本の執筆に企画・演出、講演活動など、精力的に活躍されている著名な方だ。脚本や企画を担当されたTVコマーシャルは何百本とあり、国際的にも高い評価を得、受賞歴は枚挙にいとまがない。その中の何本かは、私の印象にも強烈に残っていた。

つながれ、つながれ。お二人の稽古のお仲間に入れていただき、私もK先生のご指導をいただくことになった。月に二回、練馬にある先生の書斎におじゃまする。読み語りを中心に、ことばに生命を吹き込む修行だ。K先生のご指導は、明るくユーモアを交えながらも、的確。こちらの向上心とやる気をしっかりと支え、さらにいっそう引き出してくれる。ときにはお手本としてご自身の語りを聞かせてくれる。うまい。まるで晩年の宇野重吉のような味わいだ。こんなふうになりたい。

「声音、高低、テンポ、間合い、あらゆる要素を総動員して、これしかないという表現を探りあて、彫り深く造形するのです」

指摘されていることが、なかなかつかめない。それでもほんのたまにだが、「あっ、できた！」と思うことがある。するとようやく、先生が言われていることの意味が、体に沁みてくる。これが体得するということであろうか。繰り返し、繰り返し、ことばと心を、声に重ねる。本当に気長に、じっくりゆっくりと、先生はつき合ってくださる。が、決して誉めてはくれない。「役者の芸に、これでいいという完成はありません。日々精進、どこまで行っても、常にその上があるのですから」

転がれ、転がれ。家でも毎日早起きをして、仕事に出かける前に、稽古するようになった。休日には、ジョギングやスイミングで体を鍛えることにした。深く、響きのある声を出したい！

K先生との出会いから一年半ほどして、私は学校で、「先生は朗読がうまいですね」と生徒から声をかけられた。これも修行の一環と思い、授業で扱う文章も何度も読み込んでいた。そう言われてみると、教壇での語り口まで変わってきている気がした。こちらの思いや意図が、生徒の心と胸に直接しみこんでいくような語りかけを、自然と心がけるようになっていた。五十歳を超えて、授業が向上するなどとは、夢にも思っていなかった。

ある朝、住いしている市の広報誌を眺めていると、女優のMさんが市に転居され、様々な活動をされている、という記事が目に入った。Mさんの経歴を見ると、およそ二十年も前に、なんとK先生の舞台作品に出演されているではないか。驚いて先生にお話しした。先生もMさんのことを覚えていて、さっそく連絡を取り、旧交を温めたということである。私のこともMさんに紹介してくださった。つながれ、つながれ。私は、Mさんが市で主催されている演劇講座に参加し、ご指導を受けることになった。そして三ヶ月後、ついに私は、念願の初舞台に立つことになった。夢への第一歩だ。約三十人ほどの観客を前に、心地よい緊張感の中で演じきることができた。ようやく、ここまで来た。もっとも妻に言わせると、「一番下手だった」とのことである。

役者になろう、などというのは確かに突拍子のない夢かもしれない。しかし夢に向かって研鑽していれば、子供たちへの読みきかせや施設訪問、図書館ボランティア等々、地道な活動の機会があるだろう。仕事に退職はあっても、人生に定年はない。七十二歳になる水下さんは、昨年心臓のバイパス手術を受けられたが、すぐにゴルフや詩吟もできるほど回復し、再び舞台に立つ日を夢見て稽古を続けている。K先生は、死線をさまよう大病を二回も乗り越え、八十三歳の今もカクシャクとして新作を書き続けている。私はもうすぐ五十四歳になる。生きるとは、どこまでも、日々学び続けるということか。転がれ、転がれ。キミはまだまだ、ヒヨッコなんだから。

第二章　学ぶことへの挑戦

学びは一条の光

幼い頃に父親を亡くし「中卒」を余儀なくされた私。「いつかは高校に行こう」という夢が四〇歳でかなうと、五〇歳で大学を卒業、五五歳で大学院に学ぶ。その通学列車で出会った、様々な問題を抱えながら精一杯突っ張っていた男子高校生との二年間は、私にとって学びの宝庫だった。短期大学の専任講師となった私は「学び」を社会に還元するため、豊かな経験を裏打ちする「学び」を続けている。

私の生涯学習――学びが導いた奇跡

和裁の仕事に打ち込み、忙しくも充実した毎日を送っていた私が、いつからか自分の知らない知識を身につけて行く娘たちに戸惑うようになる。一念発起し始めた漢字の勉強をきっかけに、四九歳で通信制高校に入学。パソコン訓練との両立をこなし、人生初の公務員試験に挑戦し合格。勉強しようと思い立った瞬間が「学び」が導いてくれた奇跡的な軌跡の始まりだった。

独学をのんびり楽しもう

夫の宅建合格に触発され、独学で日商簿記検定に挑戦することにした私。まずは四級に一発合格。得意の「捕らぬ狸の皮算用」が始まるが、神様はそう簡単に味方してはくれない。いつか「ネパ子税理士事務所」の看板を掲げることを夢に見ながら、今は勉強で頭を抱えている時間を楽しみたい。生きている限り挑戦し続けよう、時間はまだまだたっぷりある。

大学と人生のふたつの勉強

家庭の経済的な理由で、高校を卒業後すぐ社会に出た私。定年退職を前に「大学進学」を目標にする。自分が脳梗塞を患ったことで、人間の生命には限りがある、やりたいことをやらないと絶対後悔する、と六〇歳で女子短大生となる。東日本大震災で卒業式は中止となるが、見事に卒業。原発など状況がいっこうに変わらない中、葬祭場で働きながら、私は再び通信教育にチャレンジし「また勉強できる」と喜ぶ日々を送っている。

学ぶに遅すぎることなし

一から勉強したい大人たちが集まった「ゆりこ食堂英語教室」。中年になっても、還暦を過ぎても、学びたいと思った時が実行の時。昨日まで知らなかったことを今日知る喜びは、何ものにも代えがたい。それはまさしく学ぶ喜びであり、生きる喜びにつながる。四人の熱意がそれぞれの窓を開き、自分の道を見つけ歩み続ける。そこにもう一つ学ぶ喜びを見つけ窓を開いたのは私だった。

学びは一条の光

高見　スマ子

「学び」は人生の行く手を照らすひとすじの光ではないだろうか。貧困と母子家庭という逆境のなかで少女時代を過ごした私は、学びの中に光を見出し、それを頼りにこれまでの人生を生きてきた気がする。小学校三年生の夏休みも後一週間で終わりという日に、突然の事故で父親を亡くし、貧困の母子家庭に陥った。小学校五年生の時、朝礼で校庭に並んでいたら、突然、私の右前方に並んでいた同級生の「テッちゃん」が私の方を振り向き、「お前らは、わしらの税金で養ってやっちょる」と言った。最初何のことかと思ったが、父の死後、家が生活保護を受給していることを言われているのだと分かったとき、顔がかっと熱くなりその場から駆け出したい衝動にかられた。母が悲しむだろうとこの事は自分一人の胸にしまったが、何とも惨めで「私は生きていていいのだろうか」、「生きている価値があるのだろうか」と事あるごとに思い悩み、その思いは以後も消えることはなかった。

中学校卒業後高校へ行きたいと思ったが、運命だと諦めて就職することにためらいはなかった。父の死に際して「子どもの顔を見ていると、泣いている暇がない」と直ぐ働き始めた母が、夜八時ごろになると疲れて、木製の火鉢のふちに頬杖をついて、こっくりこっくり居眠りをする姿が悲しかった。それに私の下に二人の弟がいる。苦労する母を「早く楽にしてあげたい」と思った。自分では納得して中卒で働き始めたつもりであったが、高校生になった同級生の真新しいセーラー服とピカピカの自転車が羨ましかった。そして私の心の中には「中卒でしかない」というコンプレックスが澱のように溜まっていった。

「いつかは夜間高校に行こう」が私の切なる願いになった。何の当てもなかったが、結婚して母親になってもその思いは消えなかった。娘が高校受験の年のことである。担任の先生から「もっと勉強せんと高校に受からんぞ」と叱られる娘が羨ましいと思った。合格すれば高校に行けるなんて「ええなあ」と心底羨ましかった。丁度その時、町の広報の中に「通信制高校の生徒募集」の小さな記事を見つけた。一カ月に数回通学してスクーリングを受け、後はレポートを提出して試験を受け合格すれば単位が取れて、四年で卒業できる。県立高校だから学費も安い。「これなら私にもやれるのではないか」と思い切って願書を提出した。私は四〇歳になっていた。

高校の入学式は本当に嬉しかった。ずっしりと重い教科書を胸に抱きしめたとき、どんなに高校生になりたかったかと思いが溢れて涙がこぼれた。おばさん高校生なんて恥ずかしいからこっそり学んでこっそり卒業しようと思っていた。だが、長い間に錆びついた頭は、思うように働いてくれず勉強はたいへんだった。通信制は自分でやらない限り、レポートは一歩も前に進まない。「今日こそは」と思っても、誰に叱られることもないから「ま、いいか。明日やろう」となる。こんなことで本当に卒業ができるのだろうかと、卒業というゴールは夢のまた夢のような気がした。

「お母さんはそんなに勉強が好きか？僕は勉強なんか嫌いや」。当時中学一年生になった息子が、レポートを書く私の手元を覗き込んで聞いてくる。「うーん。好きというよりわからない事を知る。それが楽しいのよ」と私。「ふーん」と怪訝そうな息子を前に、私は四〇歳のとき、高校に入学という決断をして本当に良かったと思った。勇気がいる一歩だったが、やっとの思いでレポートを仕上げた時の達成感、そのレポートが合格で返って来たときの嬉しさ、やれば私にもできるという小さな自信、学ぶ喜びを初めて知った。と同時に、経済苦で高校に行けなかったのは私だけではなかった。同じような境遇の人がたくさんいてみんな頑張っている。その姿は私の大きな励みになった。

その後五〇歳で大学を卒業し、五五歳の時、大学院の教授から大学院で学ばないかとお誘いを受けた。「大学院?この私が?」。思いがけないことだったが、勉強したいという思いが湧いてきた。夫に相談したら、「そんなお金がどこにある。今、家には学生が二人いる」とケンもホロロ。「あるもん」と私はにやりとした。『これからは女性も自分の財産を持つべきである。少子高齢化の時代がやってくる。年金だけではとても暮らしていけない時代になる』と、ある講演会で学び、三〇代から少しずつ積立をしていたお金が三〇〇万円になっていた。これを学費に社会福祉学研究科の学生になった。それにしても、少女時代に惨めな思いを抱いた「福祉」の勉強をすることになるとは…。これを巡り合わせというのだろうか。

列車で片道二時間半の遠距離通学である。新幹線に乗れば時間の節約になるが、貧乏学生だからそうはいかない。最初の授業の日、一番前の車両に乗って驚いた。隣県の高校に通う男子高校生でいっぱいだった。車内はゴミだらけ。おまけにその傍若無人な振る舞いに、ここは無法地帯かと思った。私は一番騒がしいグループの前に行くと「ここは公共の場です。少し静かにしていただけませんか」と笑顔で言ったつもりだった。一瞬彼らはシンとなった。が、次の瞬間「ババア、中途半端な正義面しやがって。俺らが高校生や思うてそんなこと言うんか。俺らがやくざでもそんなこと言えるか」と大音声の罵声が跳ね返ってきた。「私がそのやくざの嫁さんかも知れんのに」と私は内心くすりと笑った。家に帰ってこの事を話すと息子に、「アホやなあ。あの車両のことは有名な話やで。明日からは絶対に乗ったらあかんで」と呆れられた。

次の日また乗った。思いっ切り睨みつけられた。次もまた乗った。そのうち、彼らのうちの一人から「おばちゃん、最近よう出会うなあ。おばちゃんは何者や」と声をかけられた。「おばちゃんも学生よ」というと、彼の目がびっくりしていた。この日を境に彼らと話をするようになり、遠距離通学が俄然楽しくなった。「字ばっかりの本やなあ。

読んで分かるんか」「俺ら早う卒業したいのに何でその年で勉強するんや」等と次々質問される。「おばちゃんは小さいときに父親が死んで、家が貧乏だったから勉強できんかったんよ。だから今してるの」というと「頑張るんやで」と私を励ましてくれた。と思ったら、「俺、進級できへんかもしれん。どないしたらええ？」と相談されたりする。携帯電話の使い方を教えてくれたのも彼らだった。茶髪にピアス、腰からずり落ちそうなズボン、喫煙、派手な外見とは裏腹に、彼らは自分たちの将来を真剣に考えていた。「おばちゃん、俺ら健康保険とか厚生年金とかある、ちゃんとしたところに就職したい。けどなかなかない。小泉さん（当時の首相）は何とかしてくれてもええんと違うか」という。「本当にそう思うね」と言ったものの後の言葉が出てこない自分が情けなかった。学力のこと、家族の問題、経済的なこと、さまざまな問題を抱えながら精一杯突っ張っていた彼らとの二年間は、本当に楽しかった。そして通学列車のあの先頭車両は、私にとって学びの宝庫だった。

大学院修士課程を修了して三年後、突然、母校の系列の短期大学から専任講師の依頼が舞い込んだ。「まさか…」。この上ないありがたいお話であるが、浅い学びしかない私にはそら恐ろしいことに思えた。だが、恩師の「高等教育は自分のためだけの学びであってはなりませんよ。社会に還元するのです」「あなたならできる。だから推薦したのよ」とのお言葉に覚悟を決めた。学生は保育士や介護福祉士を目指すやさしい彼女（彼）たちだった。試験の答案用紙の余白に「先生がいつも笑顔だから私も笑顔になるよ」「学生みんなを授業に参加させようとする先生はすごいと思う」とこんな嬉しいことを書いてくれて、私に力をくれた。恩師の厳しくも温かいご指導と学生のやさしさに育てられたと今も感謝している。そのお蔭で現在に至っている。

私は団塊の世代である。この世代は人数が多いから、近い将来、若い世代のお荷物になり兼ねないと懸念されている。世界に類を見ない速さで高齢社会を迎えたこの国は、未曽有の高齢社会を生きるロールモデルを持たないという。私たちの世代に与えられた課題の一つは、この望ましいロールモデルを、若い世代に対して示すことではないかと私は考える。高齢者には経験はたっぷりある。だが、経験だけでものを言うと独りよがりになり易く、価値観の違う若い世代から「ウザイ」と敬遠され兼ねない。豊かな経験を裏打ちする学びが必要なのだと私は思う。

国も平成二年に、生きがいを持てる高齢期を支援するために、いわゆる「生涯学習振興法」を制定している。豊かに老後を生きていくには、学びも大切であるということであろう。私も孫たちから「ばあちゃんのようになりたい」といって貰えるように、望ましい高齢者像を目指して、これからも倦むことなく学び続けていきたいと思っている。

私の生涯学習――学びが導いた奇跡

出口　久美子

「ここにはどのようなサークルがあるんですか？」「私、社交ダンスを始めたいと思ってるんだけど……」

私が勤務する公民館には、連日、こんなお尋ねや問い合わせがある。実際に公民館で行われているサークル活動や勉強会はとても多く、そこに参加している人は男女問わず年齢層も幅広い。そしてその人たちが毎回楽しみに来られている様子が、窓口で対応している私にも伝わってくる。予定時刻より随分早く到着し、そわそわと開始を待っている人。帰る頃になってもまだ会話が盛り上がっている人たち。

私は今まで公民館という場所で、これほど多様なサークル活動や勉強会が行われていて、こんなに多くの人が参加していることを知らなかったので内心驚いている。と同時に、その人たちからとても良い刺激を受けている毎日だ。なぜならこの私自身も、四十代後半になってから『学ぶ』ことに目覚め、勉強を続けている一人だからだ。

私は現在五十五歳で、この春から公民館の非常勤職員として働き始めたばかりだが、実はほんの数年前まで私の学歴は中卒だった。クラスメートのほとんどは高校に進学したが、私は子供の頃から憧れていた着物の世界に携わりたくて、和裁学校に入学した。今の自分に必要なことは勉強よりも和裁の修行。十五歳なりに考えて下した大きな決断だった。

以後三十数年間、結婚にも子育てにも、在宅でできる和裁の仕事がどれほどありがたかったかわからない。また、経験年数を積むほどに技術が向上していくのを実感して嬉しくなる。段々いい仕事をもらえるようになるとやり甲斐も出てきて、忙しくても充実した毎日を送ることができた。

（私はこのまま年をとっても縁側で針仕事をしているおばあちゃんになるんだろうな。）そう思っていたし、それが夢でもあった。何より、一生の仕事と言える仕事に就けたことはささやかな誇りでもあった。

ところが、人生はわからないもの。いつからだろう、娘たちが私の知らない知識を身につけていく様子に戸惑う自分がいた。娘たちは私が行かなかった高校に行くのだから、私が知らないことを知っていても当然の話だが、和裁が家でできる仕事だったこともあり、私はいつの間にか社会との繋がりが希薄になっていたのだった。

当時はまだ家にパソコンもなくてインターネットも知らなかったから尚更のこと。急ぎの仕事に追われれば、テレビを観たり新聞を読んだりする時間さえない日がある。当時の私の情報量や知識量は恥ずかしいほど少なかった。唯一、昔から得意だったはずの漢字さえ、つい娘に聞いてしまう有様で、私は親として情けない思いをすることが増えていった。

「このままではいけない！」私は一念発起して漢字の勉強を始めた。娘たちが使い終わった問題集を借りて。

やがてそれは、和裁の仕事に打ち込み、真面目に平凡に家事や育児をしていた私の、眠っていた導火線に火を点けた。それからまもなく、私は四十九歳にして通信制高校に入学したのである。

私は十代に戻ったかのように高校生活を満喫した。体験発表会に出たり、作文コンクールに応募したりもした。家事や仕事との両立は大変だったが、学ぶことの全てが新鮮だった。ちょうどその頃のことだ。折からの不況で和裁の仕事が激減していた。娘の一人が大学に進学したばかりでお金が要る。勉強するだけでは生計が成り立たず、私は泣く泣く転職する決心をし、初めてハローワークに行った。仕事の選り好みをしなければパートくらいならすぐに見つかるだろう。しかし、現実は厳しかった。ハローワークで最初に言われた言葉は今でもはっきりと覚えている。

「パソコンはできますか？」

思いもよらない言葉だった。

「今は履歴書にパソコンができることを書けないと掃除の仕事もありませんよ」

私は転職のために、まずパソコンの訓練から始めなければならなくなった。

当時を思い出すと、本当に毎日どうやって過ごしていたのかわからない。通信制とはいえ必要な単位を取らなければ定期試験が受けられない高校生としての勉強。家に帰れば主婦なので、やり過ごせない家事が待っている。

パソコンは国の基金訓練の一つで、期間はわずか三ヶ月だったが、朝から夕方までみっちりのスケジュール。いくつものことを平行してこなす日々は体力的にもかなりきつく、確か途中で寝込んだ日もある。けれど頑張った甲斐あって、ワードは二級、エクセルは三級の資格を取得することができた。

パソコンの訓練も無事修了し、通信制高校もあと半年で卒業という頃だった。開催を控えた長崎国体に従事する市の任期付き職員の募集があった。募集要項には年齢・学歴不問と書いてあったので「私が公務員試験を受験するチャンスなんて二度とない。どんなものか経験するだけでもいい、受けてみよう」そう思って受験した。

人生初の公務員試験。内容やレベルは高校卒業程度だったと思うが、五十代のおばさんでもそこは現役高校生。家で和裁だけやっていたら絶対に解けなかったであろう問題のいくつかを解くことができた。就職難のご時世、試験会場にはスーツ姿の若者も多く、皆真剣そのものだったが、私は公務員試験に挑戦できただけで満足だった。

ところが私は一次の筆記試験をクリアして二次の作文と面接も通過。なんと十数倍の倍率を突破して市の職員に採用されてしまったのである。これは何かの間違いではないかと思った。後に公務員予備校に通う生徒さんの中にも試験に受からなかった人がいるとわかり、私の合格はますます奇跡的な出来事となった。

そしてこの奇跡の物語にはまだ続きがある。その市職員の任期が終了し、また新たな仕事を探していた時、今の公民館の非常勤職員として採用していただいたのである。同時に応募していた人の中には私よりずっと若い人もいたが、私は国体業務の経験が買われたようだった。

本当に人生はわからないものだ。私の学歴はつい数年前まで中卒だったのに。私の前職は和裁士で事務職の経験などなかったのに。通信制の高校を卒業したことで高卒の肩書きを得たのは確かだが、自分の中では何も変わらなかった。そもそも私は、いつか転職する可能性を想定して高校に行ったわけではないし、誇りを持って仕事をしていたので、学歴を気にする必要もなかったのだから。

しかし、一生の仕事として選択し、青春のすべてを費やして身につけた和裁の仕事を諦めて転職することは悔しいほど不本意なことだったけれど、漢字を勉強しようと思い立ったあの瞬間こそが、紛れもなく『学び』が導いてくれた私の奇跡的な軌跡の始まり

だったのだと思う。そしてもしあの時、高校に行っていなければ、もしあの時、パソコンの訓練を受けていなければ、私は公務員試験に挑戦することなど絶対になかったと思うし、まして市の職員に採用されたり、そのあとこうして公民館で働けるようになることもなかっただろう。

公民館職員の研修で『生涯学習とは一人ひとりが充実した人生を送るために、その生涯にわたって自発的に行う全ての行為』を指すのだと講義を受けた。だとすれば、これまで私がしてきたことは生涯学習の一つだったかもしれない。そして今、この私がこのような過程を経て、市民の皆さんが行う生涯学習の架け橋的役割を担う公民館で働くことになったのも、何か不思議な巡り合わせのような気がしてならない。

私は現在も漢字の勉強を続けている。それはいつか漢字検定一級合格という目標があるからだ。しかし、やってみたいことはまだまだたくさんある。そしてそれ以上に、ここで働くことで学ぶことは多い。「今日は○○の日」と朝から身支度をしたりお化粧をしたりして出かけてこられるからか、訪れる人たちの表情はとても若く、何かを学ぼうとする人、積極的に参加しようとする人には年齢を感じさせないパワーがある。

「前に俳句をやっていたんだけど、ここでは俳句、やってますかね？」

そう尋ねて来られたのは、杖をついたご高齢の女性だった。穏やかな笑顔。生き生きとした瞳。

私はもう、縁側で針仕事をしているおばあちゃんにはなれないかもしれないが、この女性のように、何歳になっても何かにチャレンジする気持ちを持ち続けていきたいと、今、改めて思い始めている。それが私の生涯学習に対する姿勢であり、目標とする生き方だ。

老眼鏡を掛け直しながらパソコンに向かい、インターネットを駆使して様々な情報をゲットし、さて次は何をやってみようかと考えているおばあちゃんになった自分を想像すると、その日に向かって学び続けていくことがもっと楽しくなっていく気がする。

いつか公民館の仕事も終わる日が来る。また転職する日が来るかもしれない。でも今は、ここで学ぶ人たちの姿を間近で見ていくことも貴重な生涯学習である。良い刺激を受けながら、向上心を忘れずに『学ぶこと』を続け、私はこれからも、自分の道を切り拓いていける人間でありたい。

そして—。この仕事を通して感じる皆さんのパワーは、生涯にわたって、そんな私の新しい導火線に火を点けていくことになるだろう。

独学をのんびり楽しもう

伊波　裕子

数年前、夫が、独学で宅建に合格した。しかも一発で。そのできごとは私の「負けず嫌い」に火をつけ、日商簿記検定に挑戦するきっかけとなった。社会人になってから、漢字検定や英語検定などに挑戦することはあったが、それらは学生の頃の延長に過ぎず、学校で学んだことのない分野に挑戦した経験はなかった。ましてやゼロからの独学で何かを学んだことのない私には、とても刺激的なことだった。

それは教員になって二〇余年が経ち、退職後のことを考え始めた頃で、私も何か資格を取っておいた方がいいのではという軽い気持ちで、夫と同じ宅建の問題集をのぞいてみた。そしたらどうだろう。私の脳は、シャットアウト状態になり、全てをはねのけた。やる気は一瞬にして消えていった。このような難しい分野によくぞ合格したものだと感心しながら、「私には向かない」とあっさり諦め、以前から興味があった日商簿記検定に挑戦することにした。

とりあえず、「ゼロからの簿記」や「一人で学べる簿記入門」という如何にも初心者向けの本を購入し、人生初の独学が始まった。日商簿記検定は四級からスタートする。四級は算数に例えると、かけ算九九のレベルと言っていいだろう。その程度でも、初めて簿記の学習をする私にとって、一つひとつの言葉の意味がわからず、参考書や問題集とにらめっこしているうちに、いつの間にか一時間過ぎてしまうということも度々あった。日本語がわからない外国人が、辞書を片手に国語の勉強をしているようなものなので、時々いやになってしまい、「あぁ！」といううめき声と共にその場で寝転がり、そのまま熟睡してしまうこともあった。

ただ、宅建の問題集をのぞいてみた時と違ったことは、「よくわからないけど勉強したら出来そうだ。」という光が見えたことだ。確かに難しいけどなぜか楽しい。日が経つにつれ基礎基本が少しずつ身に付くと、それに比例して楽しさは増していった。長距離の練習に例えると、ランナーズハイに似た感覚を味わうことがある。

簿記の何が楽しいのか。借方と貸方で勘定科目ごとの金額は異なるのに、合計金額がぴたりと一致する点が爽快だ。そんなことは簿記の仕組みからして当然と言えば当然だが、「すっきりボタン」を連打したくなるほど気持ちが良い。また、一つの出来事を二面から捉えることで、会社の経営状態が把握できるという点も興味深い。もっとも、私はまだそのレベルではないが、この仕組みを考えた人はすごいと思う。人はそれぞれ興味が湧く分野が違い向き不向きもあるらしく、私が感じるその魅力を、夫や姉は感じないようだ。

そうは言っても、仕事から帰り夕食を済ませてからの勉強は並大抵のことではない。ましてや意思の弱い私である。また学校の仕事は年中忙しく、学期末が近づくと多忙はピークを迎える。またクラスを受け持つと心身ともに疲労感は倍増する。中学三年の担任ともなると更にである。そうなると、簿記の勉強どころではない。持ち帰りの仕事を終えると、勉強する気力は限りなくゼロに近づく。勉強しない日が二、三ヶ月続くこともある。

簿記は「習うより慣れろ。」と言われるらしい。せっかく勉強して慣れてきた感覚も、中断すると薄れていくのだろう。私の場合、水前寺清子さんの歌を借りるならば「三歩進んで二歩下がる」ような進み具合だ。それでも一歩ずつは進めるわけだから、四級はなんとか一発で合格した。「一発で」と特筆するほどのことでもないが、四級とは言え未知の分野に一〇〇%独学で合格できたという実績は、心密かな自信となった。もしかしたら、一級まで行けるかも知れない。さぁ、一級を取ったらどうするか。得意の「捕らぬ狸の皮算用」が始まった。簿記検定は一級で完結する。一級を取得したら、その先がなくつまらない。そうだ、一級に合格したら税理士試験を受験できる。私は、いつの間にかとんでもない夢を抱くようになった。それは税理士になるという夢だ。

勿論、教員は定年退職まで全うするつもりでいる。中学生の頃から憧れていた職業に就けたことは幸せなことだし、充実感もあり楽しいから最後までやり遂げたい。私は、教員というとても忙しい仕事をしながら、税理士の資格を独学で取ることを人生後半の挑戦と決めた。もっとも、簿記一級に合格してからの話であり、まだスタートラインにさえ立っていない。他の人から、「あきれたわ。」と苦笑されそうな話であることは重々承知している。万が一にも税理士試験に合格し実際に税理士の仕事を始められたとしても、それは最短でも六十代前半のことだ。還暦を過ぎた新米の税理士が、社会的に相手にされるのかどうかは不明。だが、そんなことはどうでも良い。なれるかどうかよりも、その過程を楽しみたいのである。できそうもないことに挑戦していることが、とても楽しい。

ところで、独学していると、参考書に書いていないことや行間に隠されている内容がわからず前に進めないことがよくある。例えると、先生が授業でやってくれる、教科書には書いていない補足説明のようなことだ。ちょっとしたことだけど、それがわからなくてそこで立ち往生してしまう。自宅近くにある商業科の先生のところへ行って、質問できたらなと思うことさえある。そんな時、学校という場所がいかにすばらしい場所であるかを実感する。わからないことを質問すれば、教えてくれる先生がすぐそばにいる。学ぶのに、こんなに恵まれた環境はないだろう。子ども達には、身近にいる学校の先生をもっともっと利用して学力を高め、自分の可能性を広げてほしいと強く願う。

私は三級に合格し、現在二級に挑戦中だ。二級は商業簿記に工業簿記が加わり、難しさは三級と比べものにならない。すでに三回受検し失敗した。四千円程度の受検料も重なると高額になり、もったいないと言えばもったいないが、四千円の服を買ったと思えばいい。

二級一回目の挑戦は一〇〇点満点中たしか一六点だった。点数を聞いた時には「いくらなんでも…」と我ながら呆れた。恥ずかしさのあまり、電話の向こうの見知らぬ相手に向かって「次、頑張ります。」と笑いながら宣言した。

二度目の挑戦に向け、私は考えた。ＮＨＫ朝ドラ「マッサン」のウィスキー作りでいう「肝」とは、簿記の場合何だろう。それは、「仕訳」ではないだろうか。特に、商業簿記は「仕訳」を完璧にしなければ、多分合格は難しい。「仕訳」特集の問題集を購入し、何度も繰り返し勉強した。試験日が近づくと、本試験レベルの予想問題で総仕上げを行った。それでも、まだ合格点を取る自信はなかったが、勉強の成果を確かめるために受けてみた。さて、その時の点数はなんと五〇点だった。今度は電話の相手に「ありがとうございます。」と嬉々とした声で言った。一六点から五〇点、大躍進と言っていいだろう。合格まであと二〇点だ。北か南か、東か西か、方向さえわからなかった二級のゴールがはっきりと見えた気がした。その日は夫と二人、宮古島でちょっぴりリッチな気分を味わえるリゾートホテルのバーで乾杯した。夫は生ビール、私はホットウーロン茶、つまみはフライドポテト。不合格なのに五〇点という結果に有頂天になっている私は、客観的にみると滑稽かも知れない。でも、合格までの道のりが確実に近づいたことで、一回目とは桁違いの希望が体全体から湧いてきた。「やはり、独学では無理なのか…」と弱気になった日もあっただけに、「次は行けるぞ！」という自信はその後の勉強にも大きく影響した。勉強すれば、私でも合格出来る。体中のやる気スイッチは全開になり、「ただの合格じゃないぞ。満点というおまけ付きだ。」などとホラを吹くほどに勉強したつもりだった。

しかし、簿記の神様はそう簡単に味方してはくれない。三回目の内容は、時間がかかる問題や「これも二級レベル？」という問題が出題され、終了と同時に涙があふれそうになった。結果は六〇点だった。五〇点より一〇点も上がったのに、今度は全く喜べなかった。「あんなに勉強したのに…」と悔しくて悔しくてたまらなかった。「勉強したら合格できる。」は「やはり独学では無理かも…」に変わり、その後やる気スイッチはしばらくの間オフのままとなってしまった。

それから二ヶ月ほど経ち、何とか気を取り直して勉強を再開した。「君はすごいよ。大丈夫だよ。」と励ます夫に、「何がすごいの？いい加減なことを言わないで！」と怒りながらも、心のどこかで「そうかなぁ」とその気になったりしている自分がいる。そして夫と海岸に出かける時には、「捕らぬ狸の皮算用、得意だからね。」と笑いながら、「ネパ子税理士事務所」という看板を作るための流木を探し回ったりする。ちなみに、「ネパ子」の由来は話せば長くなるから説明は省くが、一五年程前に受け持ったクラスの男子生徒が名付けてくれたニックネームで、とても気に入っている。お気に入りの流木はまだ見つけていないが、いつの日かその看板を掲げることを夢見ながら、今は簿記の勉強で頭を抱えている時間を楽しみたい。それは生活の糧にはならないけれども、仕事に追われる日常に変化をもたらし、心の糧となって生活に彩りを添えてくれる。だから、生きている限り挑戦し続けようと思う。去年一〇七歳で他界した祖母と、同じ遺伝子が流れているとするならば、まだまだ時間はたっぷりある。

大学と人生のふたつの勉強

渡辺　恵子

団塊世代の私が通った地元の女子高校は、一クラス五十六人で一学年九クラスもあった。二年次から一～三組は就職クラス、四～六組は文系大学クラス、七～九組は理系大学クラスとクラス分けがされた。私は文系科目が好きで大学進学の夢はあったが、三才違いの弟を大学に進学させたいという両親の希望があり、父親一人稼ぎの我が家の家計では私の大学進学など到底無理な話であった。私は就職クラスを選び、高校を卒業するとすぐ市内の民間会社に就職した。そして一年半後に、日本電信電話公社（現ＮＴＴ）に電話交換手として採用になり転職し、二十二才の時に職場結婚。二人の子どもに恵まれ、仕事・家事・育児に追われながら、夢中で毎日を過していた。子どもが中学生になり英語を勉強するようになったときに、自分が中学生の頃英語の勉強が面白くて教科書を全部暗記したことを思い出した。「私ももう一度英語の勉強がしたい」という気持ちを抑えることが出来ず、仕事のかたわら地元の英会話スクールに通い、外国人教師と簡単な会話を交わしたり、初めての海外旅行に出かけたりもした。しかしそれ以上は進まず、物足りなさは残った。五十代に入ると仕事も忙しく転勤もあり、両親が年老いて次々と病気に罹り、勉強どころではなくなってしまった。五十七才のとき、今度は自分が脳梗塞で倒れた。四十才過ぎから血圧が高く薬を飲んでいたが、厳寒の朝、唇と左手の指のしびれに気づきすぐに病院へ駆けつけた。検査の結果「脳梗塞」と診断され即入院を言い渡された。当時、入退院を繰り返し施設に預けていた実母の容態が悪く心労が重なっていた。幸い、手当が早かったので麻痺などは残らずに二週間で退院でき、職場復帰もできたが、実母はこの間に亡くなった。

定年退職を翌春に控え、退職後の人生をどう生きるかと考えたとき「大学進学」を目標に据えた。亡母が経済的な理由で私に大学進学を諦めさせたことを〝申し訳なかった〟とつねづね謝ってくれていたことも頭にあったが、それ以上に自分が脳梗塞を患ったことで、人間の生命には限りがある、やりたいことをやらないと絶対後悔する、と身を持って経験したのが大きかった。大学を選ぶ際の条件は自宅から通学可能範囲であることであった。

福島市の「桜の聖母短期大学」はカナダの宣教師が創設したカトリックの女子短大で、英語教育が進んでいることで知られていた。高速バスを使えば通学が可能で、「社会人入試制度」もあった。英語を学び直したい私にとって、外国人教師が多いことは魅力だし、キリスト教学も学びたかったので、早速入学願書を取り寄せた。入試は「筆記試験」と「面接試験」で、願書を出したあと短大側から過去問や英会話のCDなどが送られてきたので毎夜錆びついた頭や睡魔と格闘しながら勉強し、受験した。心配していた面接試験は外国人教師の質問にしどろもどろになりながらも会話が弾み、手ごたえを感じた。そして私の六十才の誕生日に届いた「合格通知」。亡き両親に報告した。

こうして女子短大生となった私であるが、全く不安がなかったわけではない。一番の心配は、高校を卒業したばかりの若く優秀な学生たちと共に受ける授業に、ついていけるだろうか？であった。彼女たちも最初は私を見て戸惑ったに違いない。彼女たちの母親よりも祖母の年齢に近い私。第一、私をどのように呼んだらいいのかなどいろいろあったと思うが、彼女たちから初めて「けいこさん」と名前を呼ばれたときは正直嬉しかった。また短大側が「社会人入学」の私にとても好意的であったことも有難かった。「桜の聖母短期大学」には制服がある。ふだんは私服だが、各種イベントやセレモニーは制服着用である。在学中だけの制服を何万円も出して作ることに躊躇していたら、短大側が紺のスーツの制服を貸してくれた。短大のシンボルである白百合を形どった立衿の白いブラウスだけは新調した。若い女子学生と同じ制服姿は気恥ずかしくもあったが、とても誇らしかった。先生がたは私を見かけるとよく声をかけてくださり、疎外感を感じたことは一度もなかった。短大図書館には、毎日三度は通った。始業前と昼食後、そして授業が終わりバスを待つ時間。それは私にとって至福のリラックスタイムであった。帰宅すれば主婦としてのルーチン作業が待っているので、試験勉強や宿題などは、図書館で済ませてしまう努力をした。新刊書がすぐ読めて、夏季休暇や冬季休暇には、ひとり三十冊も借りることが出来る図書館なんて聞いたことがない。本当に有難いことであった。月曜日~金曜日までは毎日授業があるので、朝は七時前に家を出て、帰宅は早くて十八時。英語学科なのでほとんど英語の授業であったが、いま振り返ってみても「楽しかった」二年間であった。在学中に取得した英検準二級、観光英検三級、二級は私の勲章である。卒論はアガサ・クリスティの「そして誰もいなくなった」を論じた。十人がいろいろな方法で殺され、最後には誰もいなくなる。果たして犯人は誰か?が謎の名作であるが、英語と日本語訳にみる殺人方法や、当時東京で開催されていた「アガサ・クリスティ展」で資料を得たりして卒論を作成したことは忘れ難い思い出である。

卒業式を翌日に控えた二〇一一年三月十一日午後、式の予行演習のさなかにあのマグニチュード九・〇の「東日本大震災」に遭遇した。すべてが潰えた。翌日の卒業式は中止と決まった。私が一日も休まずに二年間学んできた証の卒業式が中止となったことは痛恨の極みであるが、大自然の前に慄くばかりである。学生食堂で余震に脅えながら、先生や学生たちと過ごした夜のことは生涯忘れることはないだろう。後日短大では卒業式に身につける予定だった式服のガウン・キャップを貸し出してくれたので、四月末に郡山市の写真館でたった一人の卒業写真を撮ってもらった。全員の集合写真はない。

東京電力福島第一原発が爆発してからの私の生活は大きく変化した。同年一月に胃がんで胃袋を全摘した夫はますます痩せ、放射能を心配する息子の家族は山形市に避難した。仕事の都合で息子は郡山市に残ったので、幼い男の孫たち二人は、一番父親に甘えたいさかりに父親不在の生活を送ることになった。また、弱音を吐かず気丈にふるまっている息子の妻がどんなに大変な思いをしていることか……と眠れなくなり、神仏に祈る日々が続いていた。状況がいっこうに変わらず二年が経過した。閉塞感で押しつぶされそうだった私は、ふと手にした朝刊に「奈良大学通信教育部文学部文化財歴史学科学生募集」の記事が掲載されているのを見つけた。私は奈良が好きでよく旅行に出かけ、明日香村や春日大社近辺をあちこち歩き回っていた。奈良には何故か心惹かれ、気持ちが休まる思いがしていた。通信教育は初めてだが短大卒の単位があるので三年生に編入ができるし、順調にいけば二年で卒業できるかもしれないと安易に考え、チャレンジすることに決めた。試験はなく、志望動機を書いただけで入学が許可された。入学金と授業料を払い込むと、段ボール箱に入ったたくさんの教科書や参考書・大学案内などが送付されてきて、私は奈良大学の三年生になった。当初、通信教育を簡単に考えていたが、単位を取るには一科目ずつレポートを提出し、合格して初めて科目試験の受験資格を与えられ、なおかつ試験に合格しなければ単位は与えられない。しかも試験問題は当日番号が発表されるので設問一～十まで全部勉強し、暗記しなければならないのだ。これは大変！とんでもないことを始めてしまったと知るのに時間はかからなかった。あたりまえだが、通信教育なので、桜の聖母短大のように隣の学生に聞いたり、先生に尋ねたりが出来ないのだ。夏と冬にはスクーリングがある。スクーリングは三日間の授業で二単位。私のように遠方からだと前泊しなければ初日の授業に間に合わない。スクーリング受講料や交通費、最低三泊のホテル代、その他飲食代などで、一回のスクーリングで数万円もかかることがわかった。桜の聖母短大の時も今回の奈良大学も夫からの援助は一切なく、すべて自分の年金・貯金から賄うしかない。段ボールに入った教科書類には全然手が付かないまま、まずはスクーリングが先だ！と残暑厳しい奈良に向かった。最初のホテルは「高い・暑い・朝食なし」で、さんざんであったが、学友とだんだん親しくなってくると、どのホテルが安いとか、飲食店はどこが美味しいとかの情報交換が出来るようになった。勉強の進み具合もさまざまで、もうどんどんレポートを提出し、科目試験も受け単位を取得している人もいれば、私のようにまだこれから……という人もいて、通信教育はよほど自己管理をしっかりしないと単位取得は困難と改めて感じた。町中にあった桜の聖母短大とは比べようもないが、緑豊かな山稜町の奈良大学のキャンパスは迷子になるほど広大で、図書館も蔵書が多く、勉強するには最高の環境である。だんだん慣れてくると、授業後に寺院や神社を巡ったり、学友たちと情報を交換したり、種々のイベントを楽しむ余裕もできてきた。予定では今春卒業のはずであったが、単位がまだ不足しているのと、卒論の失敗もあって卒業できず、まだまだ道は遠い。しかし考えかたを変えれば、「大好きな奈良にまた行ける」「また勉強できる」と喜んでいる自分がいる。

私はいま、パートで働いている。奈良大学の授業料とスクーリング代に充てるためだ。六十六才の私を雇用してくれたのは市内の葬祭場である。面接のとき年齢を心配する私に「年齢を重ねた人のほうがいい」と、雇ってくれた。葬祭場も人生の勉強である。大学と人生のふたつの勉強に、今日も励む私である。

学ぶに遅すぎることなし

対比地　百合子

「俺に英語を教えてください」

四十代の男性が我が家に飛びこんできた。

外は晴れているのに白い長靴を履いている。頭は角刈り。俳優の緒形拳に似た風貌をしている。着ている白衣の胸に油のシミがワンポイントのようについている。門に横付けされた軽トラックには「○○ラーメン」と書かれてある。

訪ねてきたのは、私が教えていた英語塾の父兄だった。

「塾はやめたので、もう英語は教えていないのですよ」

と言っても、聞く耳を持たない。どうしても教えてくれと引き下がらない。訳を聞くと生い立ちを語りだした。

父親を早くに亡くした彼は、中学を卒業すると、ラーメンの屋台を引いて、母親と弟の生活を支えてきたという。それから三十年。ついに店を持ったという経歴の持ち主だった。結婚し一男二女の親になった。中学生の長女の英語の教科書を何気なく開いてみた。するとほとんど読めないことに驚いた。無我夢中で働いてきた月日を思い返すと、勉強らしいことは小学生時代から数えてわずかである。また一から勉強したい気持ちが湧き上がってきたという。

その熱意に負けてアルファベットから教えることになった。

数ヵ月後、どこで聞いてきたのか、「私も、俺も」と一から勉強したいという大人が増えてきた。三十代の工員。四十代後半の植木屋のおかみさん。還暦に近いパート勤務の女性であった。

学びたい理由をそれぞれに聞くと、工員は、発注された海外からのメールや図面の文字が理解できないからだという。今さら、誰かに聞くのは恥ずかしいので、思い切って一から勉強しようと思ったという。

植木屋のおかみさんは、いつの日か、外国人向けのゲストハウスを経営したいとのこと。

パート勤務の女性は定年後に退職金で海外一人旅をしたいという理由だった。

いずれも英語の基礎がほとんど出来ていない人たちであったが、意気込みは真剣であった。

わが家の食堂が教室になった。「ゆりこ食堂英語教室」の誕生である。

生徒たちはそれぞれニックネームで呼び合うことにした。ラーメン屋は「サー君」、植木屋のおかみさんは「サツキさん」、工員は「コーちゃん」、パート勤務の女性は「キンさん」。

毎回出す宿題は、一週間の間で、もっとも多く使った単語を和英辞典で調べてくるというものだ。サー君は「いらっしゃいませ」「ありがとうございました」、コーちゃんは「ねじ切り旋盤」、サツキさんは「剪定」、キンさんは「在庫」とバラエティーに富んでいる。

毎回、一人一個の単語として四人では四つの単語を覚えられる。幸い四人は職種が違うので異なったジャンルの単語を覚えられる。

六十歳近いキンさんは覚える端から忘れていくので、自信がなさそうだった。するとほかの三人が助け舟を出す。休み時間に生徒同士が先生になって彼女に教え始めた。教え始めると自分の復習になるのか、めきめき力がつくのだった。中学三年の教科書を終える頃には、全員一週間の出来事を英語でスピーチするまでになった。

ある日、ラーメン屋の店に外国人客が来た。カウンターに座った彼らは、このスープはどんな材料が入っているのだろうか？具の中の「なると」をつまみあげて、これは何だろうと言い合っている。そこで店主は、ラーメンを作りながら、厨房の中から英語で答えた。びっくりしたのは外国人でなく、店の中にいた全ての客だった。英語教室で学んだ英語力が、いかんなく発揮できた瞬間だった。

こうして五年が過ぎた。

ラーメン屋では、店を閉めたあと、辞書を片手に勉強をしている父親を見て、高校生の息子も、並んで勉強するようになった。

コーちゃんは通信制の高校へ入学を決め、将来、工学系の大学に入りたいと夢を抱いている。

サツキさんは、開業に向けて、おもてなし料理の腕をせっせと磨いている。

キンさんは、この先も続けて勉強したいと希望している。

四人共、自信に満ちた顔つきになり、輝いて見える。英語力も充分付いた。

いよいよ明日は英語教室最後の日となる晩、私は入浴中にくも膜下出血になった。浴槽に沈んでいるのを夫が発見し、救急車で運ばれた。

緊急手術は成功したが、様々な後遺症が案じられた。手足は動くが、記憶が飛び、言葉が出にくい状態になった。このまま言葉を失い、自分が誰かも、わからなくなるのだろうか？担当医は、一過性のもので、心配はありませんと言うが、不安でいっぱいになった。

そこで心理療法士の先生にカウンセリングしてもらうことになった。じっくりと話を聞いてもらう内、気持ちが落ち着いてきた。

三週間後、無事退院でき、また我が家に生徒四人が集まった。彼らは私のために、リハビリ用カリキュラムを作ってくれた。それは、以前の授業を、また最初から私が教えるというものだった。

脳にダメージを受けた私が外国語を教えるというのは大変なストレスだったが、リハビリとしては最適なものであった。

みんなも、また復習ができると喜び、生徒も先生の私も一緒に学ぶことになった。短いスピーチの課題は先生である私にも課せられた。よどむことなくスピーチを終えて、お辞儀をすると、生徒全員から拍手がおきた。いつ入って来たのだろうか、夫が後ろに立っていて、涙をぬぐうのが見えた。

こうしてみんなの協力のおかげで、記憶や言葉を取り戻し、私の病気は完治した。

いよいよ英語教室最後の日がやってきた。最後を飾る言葉をこう締めくくることにした。

「学ぶに遅すぎることなし」

中年になっても、還暦を過ぎても、学びたいと思った時が実行の時である。昨日まで知らなかったことを今日知る喜びは、何ものにも代えがたいものがある。それはまさしく学ぶ喜びであり、生きる喜びにつながる。

みんなが去った教室で、贈った言葉を噛みしめてみた。四人はそれぞれの道を見つけたが、さて、私は、これからどう生きていけば良いのだろう。

翌日、入院中にお世話になった心理療法士の先生を訪ねてみることにした。先生は、「学ぶ喜びは生きる喜びにつながるって、あなたも、生徒さんたちも実体験したわけでしょ。それを活かす時が到来したのよ。術後の不安を、カウンセリングで解消した体験は貴重です。その体験を無駄にしないためにも、心理療法士の勉強をしてみない？」と、学校案内の手引書を見せてくれた。くも膜下出血から生還した私が世の中の役に立つのなら、一から勉強してみようと思った。

早速、学校に入学し、二十代の若者と机を並べて勉強する日々が過ぎていった。

毎日が目新しいことの連続で、楽しくて気がつくと通学電車の中でハミングしていた。その一方、心を扱う学問の奥深さに、学んでも、学んでも底知れぬものを感じるのだった。

卒業試験を受ける日がやってきた。試験は心理カウンセリングの様子をビデオで撮ったものを審査され、筆記試験を受ける。それらに加えて、卒業までの小テストの結果などの総合審査だ。

分厚い教科書三冊を二十九回熟読し、先生に質問を浴びせ、ビデオ審査用のカウンセリングＣＤを三十四枚撮った（平均は十枚）。

試験の結果は合格。一番にはなれなかったけれど、二番で卒業となった。六十二歳という最高齢の卒業生だった。

卒業の式辞で校長は、最高齢の私の努力を讃えてくれ、孫のような学生の刺激になり、クラスの活気の源となったと述べてくれた。

父兄の席には見慣れた顔が四つあった。英語教室の生徒たちだ。かつての生徒は、いつのまにか私の父兄になり応援者になった。

「先生、(学ぶに遅すぎることなし)を実践したね」

ラーメン屋のサー君が、四人を代表してそう言った。

卒業後は、病院で入院患者さんの不安や悩みを傾聴する「傾聴ボランテイア」が初仕事となった。

そう。入院していた時、不安でいっぱいになり精神的にまいった私を助けてくれた、心理療法士になったのだ。

学びたいという、ただそれだけの熱意に押されて始めた大人の英語教室。そこから四つの窓が開かれ、それぞれが自分の道を見つけ歩みを続けている。そこにもう一つ学ぶ喜びを見つけ窓を開いたのは私であった。

卒業後も、四人は、クラス会と称して、我が家に集まってくる。修学旅行をしようと、計画している。もちろん、行き先は英語力をためす英語圏である。英語が通じなかったら再試験として次回の旅行に回すそうだ。

四十代から六十代の中高年のご一行様は、まだまだ、青春まっただ中にいる。

「学ぶに遅すぎることなし」

生涯、この言葉を掲げて進んでいきたいと思う四人と一人である。

第三章　新しい体験から学べること

まわり道が教えてくれたもの

新しい学びを求め、三〇年近く勤めた教職を辞めた私。日本語教師と児童自立支援ホームでのボランティアという、今まで経験のない二つの仕事との出会いは、生涯教育への意識をはっきりしたものに変えてくれた。未知の場、そして人との交わりから新たな学びが生まれることを知る。振り返れば紆余曲折の連続で失敗だらけのまわり道だったが、今、新しい目標に向かって歩き出した私は、「まわり道」こそ求めていたことなのだと実感している。

パンドラの匣(はこ)

私は「四国八八ヶ所・歩き遍路」を通じて人生観が変わる。生涯かかって求めるものを「生涯学習」と呼ぶのなら、何を学んだのかということよりも、学んできた道のりにこそ大切な意味がある。人の生きてきた道のりに無駄なものなど一つもない。渇望も切望も絶望でさえ、より良く生きたいと願う人間の尊い希望だ。我々が学ばずにはいられない希望は、パンドラが開けてしまった匣の底にひっそりと隠れていた魂だった。

防護柵の掃除

定年後、マラソンで訪れる鎌北湖の防護柵の汚れが気になった私は、自分で掃除をすることを決心する。黙々と作業に取り組む私にかけられる周囲の言葉は毀誉褒貶相半ばだ。やがて三年かけて二度の掃除をやり遂げた私に、仲間たちも触発される。誰もやらないことに挑戦したい気持ちになったのは、「吾以外皆吾師」の箴言によるところが大きい。

おにぎりと自転車の小さな旅

松山地域の「ええとこぞなもし」再発見の旅をやってみようと決意したのは、六五歳の時だった。自転車を走らせ、心を打った感動のあれこれをノートに書き留め、地図やスケッチを描く。書き留めたノートは出版され、現在シリーズ一一冊目に挑戦中だ。いつも驚きの心と感動を持ち続ける限り何歳までも頑張れると信じている。しなやかな感性と求めてやまぬ探究心は、生涯学習の要諦だと思う。

学ぶ喜びが高じて

ボランティア養成講座、ヨーロッパ研修、函館文学学校、きらめき女性塾。仕事を失った私だったが、夫の転勤のお陰で沢山の学ぶ機会を得ることができた。学んだものを何かでお返しできないかと考えたとき、「街づくりは人づくり」と「学んだことはどこへ行っても役に立つ」の言葉を思い出す。ふるさとに「弘前文学学校」を立ち上げ今年で一六年。沢山の方に学ぶ面白さを知ってもらい、それぞれの人生を充実させてほしいと願う。

まわり道が教えてくれたもの

頼富　雅博

不惑の齢も過ぎた五十二歳の春、思い切って三十年近く勤めてきた教員の職を辞めた。そのまま定年までの日数を大過なく送れば安定した暮らしも望める。しかし、私の心の中では「このまま学校という狭いフィールドしか知らずに自分の生涯を終えていいのだろうか」という煩悶が強くなってくる。

仲の良い友たちは「辞めるのは勿体ない」「リタイアしてからでもいいのでは」と心配してくれたが、その言葉にうなづけず、立ち尽くしている自分がいた。

今まで自分が知らなかった社会のフィールドに飛び出して、様々な人、ものに出会って一から学びたいというのが私の願いだった。幸い家族も理解してくれ、私の学び直しの旅は始まった。

新しい学び。それは同時に新しい仕事に挑戦することでもある。生まれて初めてハローワークに足を運び、真剣に求職用のパソコンに向かう人々の数に圧倒されながら、あらためて職を得ることの困難さ、社会の厳しさを知った。それまで失業、リストラの可能性の少ない教員の世界にどっぷり漬かっていた私にとってハローワークは社会の実相を教えてくれる「新たな学校」だった。

私自身も新たな仕事をとハローワーク以外の様々な就職メディアからも応募するが、書類選考でことごとく落とされる。一か月が経ち、二か月が過ぎても状況は好転しない。知らず知らず、胸の中の焦り、苛立ちが大きくなる。「無職」の身でいることの辛さ、恐怖を感じた。

そんな中で思いがけず私に与えられたのは今までに経験したことのない二つの仕事だった。一つは外国から日本にやってくる若者に日本語を教える仕事だった。実際に向き合うことになったのは日本での就労を希望する技能実習生と呼ばれる生徒たち。国籍も中国、ベトナム、インドネシアなどさまざまで年齢も幅広い。国語教師としては三十年ほどのキャリアがあっても、日本語教育は全くの素人。例えば、右、左、ななめといった基本のことを教えるのにも苦労する。苦しまぎれにジェスチャーや絵や図を交えて教えるが、うまくいかない。目の前の生徒たちのキョトンとした表情を見るたびに申し訳ない気持ちでいっぱいになった。

それでも月日が経つにつれ、生徒たちとも打ちとけ、お昼には弁当を一緒に食べるようになる。そこで一番驚いたのは生徒の弁当箱の中味だった。白いごはんの横にあるのははぼ毎回モヤシいため。生徒に聞けば、日本の物価が高いので節約しているのだという。

実習生は所謂留学生と違い、来日時に持っているお金はごくわずかだ。その中で健気に生活を切りつめながら、学校に通ってくる。しかし、彼らの表情は明るい。

「働いてお金を貯め、自分の国でお店を開きたい」「今苦しいけれど、それはこれから良くなっていくというサイン」、「日本語をしっかりマスターして、将来自分の国との親善に関する仕事をしたい」。

こうした生徒の声は私にとって新鮮な学びとなった。厳しさを受け止め、自身の人生を前向きにプランし、希望へと結びつけていくたくましさがそこにはある。ついこの前まで職が見つからないことに落ちこんでいた自分を深く恥じた。日本語を教える身でありながら、昼休みの生徒との語らいこそは私にとって貴重な授業となった。

日本語教師として日々を送る中で痛感したのは、実習生や留学生を巡る状況の厳しさだ。工場で使う言葉だけを集中して学び、すぐに工場のラインへと投入されたり、悪質な会社では低賃金、長時間労働や人権を無視したパワハラなどが常態化し、実際に様々なトラブルが起きている。

政府は「共生」と言うけれど、本当の意味での共生は未だ道遠しの感が強い。海外から夢を抱いてやってくる若者が安心して日本に学び、暮らし、そして日本人との絆を深めるには何をすればいいのだろう。このことを私は自分の学び直しの中心命題に置くことにした。

こうした日本語教師の仕事と併行して始めたもう一つの仕事。それは児童自立支援ホームでの有償ボランティアだった。その場所はネグレクトや親による虐待で家庭で暮らせない子供たちを預かる所だった。三か月という期限付きの仕事だったが、その九十日という日々は私に新たな学び直しの機会を与えてくれた。具体的な業務は日本語学校の仕事を終えた後、ホームに行く。子供たちと夕食をとり、様々な悩みや相談を聞く。

働きたいという子供にはアルバイトを一緒に探し、必要があれば親代わりで面接についていく。週の半分以上は朝までの宿直業務も担った。

ホームに暮らす子供たちは親や家庭から受けた傷が深く、容易に心を開いてくれない。私も案の定この仕事を始めたその日から一人の子供から「私にかまうな。頼むから話しかけてこないで。」と完全拒絶されてしまった。また、他の子供からは「学校の先公っぽい言い方すんな。うざいんだよ」と罵倒されもした。昼の仕事で外国の若者と会話ができるようになったのに、目の前にいる日本人の子供とは対話することができない。自身の無力さを思い知らされた。

それでも辞めるわけにはいかない。少しずつ彼らと話ができるようになった時、気がついたのは彼らが一般の子供たちのような家庭での会話、親との対話という経験を殆ど積まずに育ってきたということだった。親から発せられるのは暴言やののしりのみ。

人にとって会話とは互いに承認し、安心や連帯を確かめ合うことだ。ホームの子供たちに必要なのはそうした体験を日常生活で味わうことだと思った。そんな思いの下に私はまず彼らの発する言葉全てを否定せず、ひたすら聞くことに徹することにした。甘やかしではなく、子供の言葉一つ一つの意味を考えつつ、肯定的に受け止めていく。非常に根気が必要で疲れることだったが、それを継続することを目標にした。

そして、曲がりなりにようやく会話ができるようになったのは三か月の雇用期間が終わる頃だった。しかし、ホームでの仕事は大切なことを多く教えてくれた。生涯教育の根っこに家庭での対話があること、人の話を真剣に聞くことの難しさと意味の深さに気づかせてくれた。その意味でホームで働いた九十日は私の学び直しにおいて貴重な学校だった。

外国人生徒、ホームの子供たちとの出会いは私自身に生涯教育への意識を目に見えるはっきりとしたものに変えてくれた。以前は人生について深く考えず、自己の生涯をいくつかの点で区切ってしまっていた。

それが思いがけず飛びこんだ未知のフィールドでの体験を通していかに浅薄で刹那的なものかということをしみじみと感じることとなった。

自分の人生を残り時間で捉えず、人は常に学び人であり続け、学ぶのに適齢期は存在しない。未知の場、そして人との交わりから新たな学びが生まれるということを与えられた二つの仕事は私に与えてくれた。

今の私は牛歩ではありつつも、新たな目標実現を目指し、歩き始めている。それは留学生、あるいは日本定住を目指す若者を全力でサポートし、日本に生きる喜び、安心を感じてもらうため、日本語教授のみならず住居や就職に至るまでしっかりと向き合うことのできる学校設立である。この学校は単なる日本語学校ではない。例えば、私の出会ったホームの子供たちも含め、さまざまな日本人と外国人の出会い、学びの基地にしたい。そして対話を通して日本人は異文化や世界への視野を広げ、一方の外国人も生きた日本語と共に日本の習俗、習慣、気質を学び、日本社会への適応スキルをよりスムーズにしていく。そんな開かれた学校を作ろうと考えている。幸いに賛同してくれる方々を得て、設立認可に向けた書類を法務省に受理していただいたところである。

生涯教育はいうまでもなくロングスパンのものであり、永続性と次世代へと受け継がれていくものである。老若や国籍を問わず、その交流の中で新鮮な気づきや相手への尊敬、いたわりを持ったときに本来は個の存在であった人が同心円の大きなものへと形を変えていく。私の目指す学校もまたその円の中にある。

振り返れば、学び直しを志してから二年余りの月日が経とうとしている。その間の自分の足取りは紆余曲折の連続で失敗だらけのまわり道だとしみじみ思う。しかし、そのまわり道こそが求めていたものだったことを今実感している。その意味でも時間がかかり、右往左往してきたことに感謝をささげたい。

パンドラの匣（はこ）

上原　稲子

「お接待させてください」

靴紐を結んでいたら、突然頭上で声がした。

見あげると、真っ黒いサングラスの若者が、私のそばの自動販売機の前に立ち、私に向かって合掌していた。

「一本分余分にお金をいれてあります。お遍路さん。どうかお好きなものを選んでお飲みください。次のお寺までだいぶあります。日が暮れないうちに着けますように…」

「どうもありがとうございます。この納め札をどうぞ…」とあわてて立ちあがったら、その若者はきびすを返してダンプカーの運転席に戻り、手を振りながら走り去った。

見ず知らずのダンプカーのドライバーからの「お接待」で、私は緑茶のボタンを押した。三十五度にも達する連日の記録的な猛暑の中、冷たい飲み物は格別だ。ほてった身体の隅々にまでお茶の香りが染みていく。四国八十八ケ所を歩きはじめてから二十日あまり。たくさんの方から「お接待」をいただいたが、「自動販売機からお好きな飲み物をどうぞ」というのは初めてだった。見ず知らずの若者の温かい心が、両親の最期を看とることもできず、罪悪感と深い喪失感、無力感で鬱になってしまった私の五臓六腑に染みわたっていく。

「四国八十八ケ所・歩き遍路」

それは、自分が消え去ってしまうことだけを願っていた絶望の果てに、私がやっと見いだした最後の命の希望だった。

コンビニでパンを買った時に「飲み物をお接待させてください」と言いながら、私が頼んだ覚えのない珈琲を店員が袋に入れてくれたこともあった。延々と続くのぼり坂の途中で、軽ワゴン車からおりてきた女性に「どうかお接待させてください」と言われ、クーラーボックスにびっしり並んだ飲み物をとるように促されたこともあった。掌サイズの手づくり巾着をお接待されたこともあった。その老女は「巾着に小銭いれて、リュックにくくりつけたら、お賽銭箱の前でいちいちお財布開かんでもいいですよ。どうか使ってください」と、笑顔で私の手を握った。

お遍路は自分に捧げられた「お接待」を絶対に断ってはならないことになっている。そしてそのお礼として、納め札に自分の名を書いて相手に手渡すのが遍路のしきたりだ。どの方も一様に私に向かって深々と頭を垂れ、合掌して納め札を受けとってくださる。「自分などなんの価値もない」「自分がこの世に生きていることは罪だ」と思いこんで生きてきた私にとって、それは信じられない体験だった。連日十時間も歩き通しているから、足の親指の爪はいまにも剥がれそうだ。足の裏に広がったマメは何度もつぶれて、もう元の足の様子は思い出せない。両親への贖罪と供養の思いで、フラフラになりながらそれでも足をすすめる私を支えていたのは、遍路道で合掌して「お接待させてください」と言う地元の方の温かい心だった。

とりわけ印象深かったのが、数日前に「お遍路さん。美味しいアイスキャンディーがつくってありますから、どうか家にお寄りください」と招き入れてくれた老人の言葉だ。老人は、私の素性を一切たずねなかった。遍路は自分のことは誰にも話さなくともよいことになっている。遍路宿で顔見知りになった遍路同士でさえ、けしてお互いに名乗ることなどない。みんな、なにかしら心の闇を抱えて長い道のりを歯を食いしばって歩いていることを知っているからだ。だからその老人も天気の話や、「次のお寺さんまでトイレはひとつきりだから、必ずそこを使ってください」などといった世間話をゆったりとした声で話してくれた。

ぽつりぽつりと言葉を選んでいる老人の最後の話は、子どもの頃の思い出話だった。「お遍路さん。私らはねぇ、子どもの頃から大人達によう聞かされていたんです。『おい、あのお人を見てみぃ。あそこを歩いてらっしゃるのはお遍路さんやないんやでぇ。あの方は弘法さんなんや。弘法さんと一緒に歩きはってるお遍路さんなんや。そやから心をこめてお接待させてもらわなあかんのやでぇ』ってね。だから土地の者は『同行二人』の笠をかぶって金剛杖をついて歩いてらっしゃるお遍路さんを見たら、見過ごすことなんかできないんです」

通りすがりのお遍路の苦しみに寄りそう四国の人々の慈愛に満ちた笑顔は、いつも孤独を抱え込んできた私にはとても温かく、そしてまぶしく感じられた。

極貧の家に生まれ、幼い頃から我慢ばかりしてきた私にとって、生きることはほんとうに辛いことだった。借金取りに追われていた両親と一緒に、転居ばかりしていた小学生時代。ゴキブリがはいずりまわる台所で洗顔をし、学校への身支度をする中学時代。トタン屋根から襲いかかる猛烈な輻射熱で意識が朦朧とする中で過ごした受験生時代。同級生達が毎日手にしている清潔なトイレや涼しい勉強部屋。親が準備してくれるおやつなどという、あたりまえの暮らしは私にとっては夢のような生活だった。

貧しさや哀しさ。誰にも知られたくない家庭の秘密。両親の不和。なにひとつ人並みではなかった子ども時代の孤独は、しかし、私に「渇望」という資質を与えた。「渇望」は図書館の書物や、テレビのブラウン管から、貪欲に知識を手に入れることを私に課した。来る日も来る日も私は本を読み、シルクロードや古代文明、不可思議な生きものの世界に没頭していった。同級生がアイドルに心をときめかせ、美しくなることを夢見ている時に、私はいつしかまったく別のものを夢見るようになった。

いつの日か、あの壮大な世界遺産をこの目で見てみたい。いつの日かあの素晴らしい絵や彫刻のある空間に立ってみたい。いつか自分のためだけに自分の勉強したいことを学びたい。いつの日かあの美しい景色を全身で味わいたい。いつの日かあの不思議な生きものを息を凝らして観察したい。私は目の前にひろがる憂鬱な現実など見たくもなかった。「いつか…」「いつかきっと私はあそこに行ってやる！」


長じて私はなんとか無事に人並みの仕事に就き、子どもの頃から自分が切望していたものを死にものぐるいで手に入れる努力をはじめた。自分を飾る服も宝石も肩書も家もなにも欲しくはなかった。ろくろをひいて登り窯で作品をつくり、社会人枠で入った大学院で心理学を修め、夢見ていたあらゆる世界遺産に足を運び、絶滅危惧種の動植物をカメラにおさめ、国内外の博物館や美術館で真の芸術に触れた。その体験はなにものにもかえがたい深い感動を私に与えた。

ことによると「生涯学習」というものを定義づける時、私の経験してきたことはまさしくそれにあてはまるものだったのかもしれない。

しかし、改めて「私の生涯学習」というテーマを考えた時に、私には「生涯学習」というものの本質がかすかに見えてきた気がする。もしも、生涯かかって求めるものを「生涯学習」と呼ぶのなら、なにを学んだのかということよりも、学んできた道のりにこそ大切な意味があるのではないだろうか。

生きものは、はなはだ無自覚ながら、いつも「一瞬の今」を生きている。果てしなくくりかえされる「今」という時間。私たちは、いつも自分の命の間際に身を置いているのだ。自分のたどってきた道を背にして、たどってきた路傍にあった様々な出会いを糧にして、人生を味わっている。生きている限り、絶え間なく突きつけられる命の果て。ならば、これまでに出会った心震えるものとの出会いを、確かに受けとめる資質を自分の内に育む営みが「生涯学習」そのものではないのだろうか。

絶望の淵で私が出会った人々。

私につながる他者の思いを「得がたいもの」と震えた心を自分の内なる力にすることができたなら…その感動に連なったすべての出会いを「生涯学習」と私は呼びたい。

例えばそれが、四国八十八ケ所のいたるところで「お接待させてください」と合掌してくれた土地の人々であれ、歴史の中に埋もれた古代の人々の息づかいであれ、戦争に踏みにじられた故国に寄せる思いを一夜のうちに創りあげた巨匠の遺した作品であれ、絶滅に瀕している生きものの最後のメッセージであれ、それを通じて、命を愛おしみ、感謝することができる自分を確認することが、私にとっては「生涯学習」といえるもののすべてであった。

人の生きてきた道のりに無駄なものなどひとつもない。

苦しかった子ども時代の渇望。二十年間、両親の回復だけを祈っていた切望。両親を見送れなかった親不孝の中に巣くい、鬱の中で生きることを手放しかけた絶望。それらさえ、命を愛おしむ今の自分に繋がる大切な「学び」だったにちがいない。渇望も切望も…絶望でさえ…今よりも少しでいいから、よりよく生きたいと願う人間の持つ尊い希望だ。我々が学ばずにはいられない希望は、パンドラが開けてしまった匣の底にひっそりと隠れていた魂だった。

パンドラの匣の底からかすかに聞こえてくるのは、すべての命をより蒼い空の高みへと導く希望の声だ。

防護柵の掃除

野呂　富三

作家吉川英治の語った「吾以外皆吾師」の言葉を知ったのは、私が定時制高校を卒業した二十一歳の時であった。生涯一学生として生きなさい、という箴言に共感した私は、人生に卒業はないものだと受け止めた。

それから津軽の黒石から上京し、自動車関係の工場に勤めるようになった。ひたすら学ぶことを胸に、仕事人間として仕えた。だが、部品生産工場の効率主義を重んじる会社の方針に振り回され、時には反発したり悔しい涙を流したりして、一介のサラリーマンとしての人並みの辛酸も舐めて来た。

こうして苦節五十年の勤めを終え、平成十八年に年金暮らしに入る。だが、あれほど待ち望んでいた毎日の日曜日なのに、「今日は何をしよう」と、予定を立てるも喜びに浸ったのはわずか三ケ月。有り余る余暇の洪水なのに、私はいつの間にかテレビの前でゴロ寝したりして、すっかり無気力になっていた。

その頃は人生八十年と言われていた。もうすぐ目の前だ、私は八十まで生きられる保証はない。このまま何もせずにこの世から消えていいのか。そう思うと居ても立ってもいられない気持ちが募った。では何をするか。

定年後の暮らし方は人それぞれだろう。社会に恩返しのためにボランティアする人もいるが、そんな立派なことは口下手な私には出来ない。なるべく目立たないようなことをして、人に役立つことがないものか。

二十の頃私は、週刊誌の記事を読んで感動したことがあった。「オンボロ人生」と自ら語っていた外人の神父さんのボランティアである。日本のどこかの貧民街の住民と共に暮らし、一人で廃品回収をして得た金で、食糧を買って貧しいひとのために食べ物を作って与えたという内容だ。

神を敬い、神を信じ、神の教えに従って生きているという神父さん。「人を救うという不遜な心ではありません。貧しい人たちの手伝いになり、自らも苦しみ共に悲しみを分かち合うことが、私の願いです」と謙虚な言葉。

私は、この記事を書いた五十年前の日記を読み返していたが、困っている人のために無償で働いている神父さんの行為は尊敬はするものの、今の私にはとても出来そうもない。

それでも私は家にいて、ただ無為徒食の日々を送っていたわけではない。好きな読書で図書館に通ったり、五十代になってから始めた健康マラソンは、地元の三十数人の同好会に誘われ、毎週日曜日に近くの学校に集まり、約四キロ離れた標高三百メートルの鎌北湖往復を走って練習をしていたのである。

その鎌北湖は、昭和十年に農業用灌漑貯水池として造られたもので、周囲二キロの小さな人造湖に、放流された鮒を釣りに大勢の人が訪れる。さらに周辺には桜、紅葉、つつじなどの樹木が植えられ、四季折々に楽しめる町民の憩いの場所だ。

そういう自然豊かな鎌北湖の県道を、ある日一人で走っていた私は、九十九折の県道に来ていた。ここから緩い坂が途中で急な上りになり、息を荒げ足を鈍らせて汗を掻く。山稜を削って出来たこの道は、上り坂に入る辺りから左側の路肩に防護柵が長く湖まで建てられ、その崖下は渓流になっている。

この時、これまで今まで何気なく見過ごしてきた、防護柵の汚れのことが気になり出した。昭和十年に鎌北湖が出来たというから、多分、防護柵も出来た頃から一度も掃除されなかったに違いない。枯草やツタが絡まった白いペンキ色の柵がカビや泥で真っ黒に汚れ、甚だ見苦しく思えた。

この防護柵の汚れが示すようにこれまで何十年も県の道路管理が放置されてきたこと自体、非常識だし何よりも豊かな自然の景観にそぐわない。これまで道路の交通の妨げになる土砂崩れ、樹木、雑草の管理は行われてきてはいるものの、防護柵の掃除まで考えが及ばなかったに違いない。いや、最初から度外視していたのかも。

このように自然の美観を損なう汚れた防護柵、しかしこのまま放置していいものかと、私は数日思いあぐねた。もし自分が掃除するとなったら、どれだけの時間がかかるのか。まず調べてみようと思った。

防護柵は約七百メートルの長さがあり、鉄柵を一枚ずつ溶接で取り付けてある。その鉄柵の大きさは、外枠の一枚の高さが百十センチ、幅三百センチで、約一センチほどの太さの鉄パイプで四角に組み立てられ、その間に五ミリの鉄パイプが均等に二十本溶接で組まれている。因みにこの防護柵一枚の鉄パイプは二十四本。この一枚の外枠の鉄柵をつないだ数は約二百三十本、実に掃除する鉄パイプの数は、五千三百本になるのである。もしこの防護柵五千三百本の汚れを落とすとすれば、何日要するのか見当もつかない。これは容易なことではない、一年がかりで行う作業かも知れないと思った。果たして七十を超えた自分の体力が持ち続けられるのか、しかも汚い、きついことも覚悟しなければならぬ。

しかし私は決心した。「オンボロ人生」と名乗ったバラード神父さんの偉大さに及ばなくても、七十過ぎた自分を変えるためにやってみようと。すると「暇を持て余した爺さんが、なぜ柵汚れの掃除なんてするの？」「同じボランティアでも、もうちょっとましなことをしてよ」と、知人や家の者から呆れたような顔をされた。

こうして始まった鎌北湖の防護柵の掃除、年金暮らしの四ケ月後であった。自転車で自宅から走って十五分の距離にある鎌北湖には、バケツやタワシ、雑巾、鎌など積んで出かけて行った。崖下の渓流から水を汲んで運び、その近くの柵から掃除に取り掛かった。まず柵に絡みついた蔓や枯草などを取り除く。そして、手にしたタワシで柵の鉄パイプを擦ってみたが、なかなか思い通りに汚れが落ちない。一本の汚れを取り除くのに何回も擦って、やっと白いペンキ色が見えてくる始末。ああ、これは前途多難だと、思わず溜息が出た。

結局この日、鉄パイプ二十四本の掃除が終わるのに、二時間掛かった。しかも終わった後の疲労は大きい。それだけ鉄パイプに染み付いた汚れが酷く力が入ったのだろう。

何かいい方法がないものか、とその後、何回かタワシに代わる品物のテストを行ってみた。週二回の柵の汚れ落としで私は、試しに使ってみたアルミ材のタワシが、意外と効果があるとわかった。ただしあまり強く擦ると、白いペンキ色まで削り、地肌の鉄に錆を誘発させるから注意が必要だ。

そうこうして試行錯誤の結果、防護柵の掃除は一日二時間の作業で一枚しか出来なかったのが、一か月後に三枚の掃除、つまり二十四本が七十二本も汚れを落とすことになったのである。

けれども夏場になると、路肩に生えている雑草や蔓性の草木の伸びが防護柵に絡みつくようになり、それを取り除く作業も一苦労だ。汗まみれになりながら蚊に刺されたり、蜂に驚かせられたり時々、作業も捗らぬ。

前述したように鎌北湖に通ずる県道は、年中、車やバイク以外にも人が絶えない。町から遠くないコースとあってハイキングやジョギングする人、湖まで散策する人々など様々な人と出会う。私が掃除していると、始めは奇異な顔をされながら人から質問されたりして、私はその度重なる応対にうんざりした。

「お掃除、大変でしょう。ご苦労様です」

「汚れ落ちますか？　綺麗になりましたね」

「役場から頼まれてお金貰ってやってんのかい？」「よくこんなのやるなァ、体壊したら損だよ」「なぜこんなことしてるの、道路管理する人に任せればいいんだよ」

などと作業中の私が受けた言葉には、毀誉褒貶（きよほうへん）が相半ばして励まされたり、逆に貶されたりして苦笑を浮かべるしかなかった。

それでも私は、黙々と春から夏へとさらに秋へと掃除を続けて来た。けれども湖まで掃除を終えたのは翌年の夏ごろであった。約一年半の作業だった。五千三百本の鉄パイプを一本ずつ、雑草を取り錆の汚れや泥の汚れを落とし続けたのである。

掃除し終わった後の防護柵は、白く輝いて見えるようになった。そればかりか、その柵の真ん中に今まで気付かなかった埼玉県のマスコットであるシラコバトの絵柄が甦った。正面からは分からないが、横斜めから見ると一本一本に塗られた黒色が繋がって、生きた鳥の絵に見えてくる。

さあ、これでやり通したと思った。ところが一通り終わって、一年半前に最初に掃除し終わった白い柵を見ると、すでにくすみはじめている。山と山林の間にある県道の路肩にある防護柵は、風通しが悪いこともあって湿度が高い。その影響から湿気が鉄パイプに纏わりついて錆や泥の汚れを早めたに違いない。

このまま見過ごすことは出来ない、と思った私は二度目の掃除を行う決意をした。再び防護柵の汚れを落とすのに、以前より手早く処理が出来たものの、やはりこの三年間の作業で、七十三歳になった私の老体に応えた。

このように平成十九年の四月から取り組んだ防護柵の掃除は、寒い冬の期間を除き、平成二十二年の十月まで続けた二度目の作業が終わるまで続いた。これは定年後の時間を持て余した一介の老人が、若い頃に知った神父さんの無償の行いに感激したことが機縁になったこともあるが、誰もやらないことに挑戦したい気持ちにそそのかされたのは、やはり吉川英治の「吾以外皆吾師」と語った箴言によるものが大きいと思う。

今も時々、見知らぬ人から褒め言葉を聞かされる。たしかに人目につかない場所の柵の掃除をするなんて、普通ではない。誰も私のような真似する人は現れないだろう。ただ収穫もある。ランナーズ仲間が私に触発され年四回、鎌北湖に通じる約四キロの県道のゴミ拾い活動が実施されたことだ。が、残念なのは私の代わりに柵の掃除する人がいない。

おにぎりと自転車の小さな旅

山野　芳幸

私の生涯学習は、六十五歳の高齢者手帳を受け取ったときからである。

当時、人生は八十年時代と言われていた。

まだ十五年はある。一念発起、自分の住む松山地域の「ええとこぞなもし」再発見の小さな旅をやってみようと決意した。

なんと、それから二十五年が過ぎた。いまは、九十五歳まで小さな旅を続けるぞと、自分の心に言い聞かせている。

さて、その小さな旅の交通手段は、マイカーならぬマイバイシクルである。地球環境に貢献している。体力と関連して、いまは電動自転車のお世話になっている。

おもい立ったが吉日、私は妻がプレゼントしてくれたニューバイシクルにまたがり、勇躍、西に向かって、まちなかをすいすいと駆け抜けた。三十分ばかりで瀬戸内海に面した三津という古い港に着いた。

港の防波堤にデビラ（酒の肴）という魚の干物が並んでいた。ポンポンと音を立てながら、対岸から無料の渡し船がやってきた。

格子戸の美しい古い町並みを、二人のおばあさんが歩いていた。

「今朝はどこへ行くんぞな」

「松山のお城下の病院へ行ってこうわい」

「気をつけておいきな」

美しい日本の原風景を見る思いだった。

久しぶりに心がどきどきした。なぜか驚きと感動が入り混った体験をして、家路を急いだ。家に帰ったその晩から、心を打った感動のあれこれの事象をノートに書き留めることにした。これが実に楽しい作業である。

手づくりの地図を書き、ときにはへたなスケッチを描くと、いっそう臨場感が出てくる。

このような結果、何冊ものノートがたまった。

ある日、地元の小さな出版社の女性社長がこられて、私のノートを整理して本を出したいと申し入れがあったので、また驚いた。

出版費用は、出世払いでよいと言われたが、全然出世することはないので、この二十五年間、会社は赤字を続けていると思う。

「地域文化の振興なくして日本文化の発展はない」というのが、女性社長の持論である。生涯学習の進展には、このようなスポンサーが、どんどん輩出して下さることを心より願うものである。

このあたりで、私の自転車による小さな取材旅紀行をノートから、いくつか紹介しよう。

「小さなリュックサックを背に、自転車を走らせるのは、そう快である。リュックの中には、定番として次のようなものが入っている。コンビニで買ったおにぎり三こ、お茶二本、乾燥梅干し二こ。それにみかんが二こ。

朝早く家をとび出るので、いつも昼が待ち遠しい。景色のよいところで食べるのが最高。

今日はいい場所が見つかった。小説『坊っちゃん』に登場するターナー島（四十島）を眼下に見下ろす丘で昼食をとることができた。

島の近くを遊魚船がのろのろと動いている。

やおらおにぎりを取り出しほおばる。このおいしさは、どんな高級料理でもかなうものではない。黒いのりと白いお米の絶妙のコラボ。次にお茶をゴクン、ゴクン、のどを走り抜ける。ああ甘露、甘露である。」

ところでリュックの中は、昼食だけではない。小さな旅の小道具が入っている。マップ類、磁尺、デジタルカメラ、記録用のノート、筆記用具、切り傷、かゆみ止めの薬、ハサミ、小刀、ポケットラジオ、手袋、雨合羽などである。

どれも出発にあたっては、よく確認する必要がある。デジタルカメラの電池切れのないようよく調べて出かけることである。

とくに嬉しいことは、妻がときどき、リュックの底にお菓子類をしのばせてくれているときである。

ところで出版した本に関しての喜びもたくさんあるが、いくつか紹介してみよう。

「伊予節紀行はええところぞなもし」を執筆中、ロスアンゼルスで米国南加愛媛県人会の創立百周年記念式典があった。現地で県人会の方々が、伊予節を唄い、涙したと報じられた。本が刊行されるや五十冊ほどお贈りした。感謝と友情の手紙が、ぞくぞくと届けられた。

次に四国遍路路八十八か寺のうち、松山市内八か寺の遍路道マップの作成、常夜灯、道標調べをした。これは個人の研究に限界があり、ほとんどあきらめかけていたが、あちこちから研究調査の専門家があらわれ、お互いに協力して現在研究が推進されつつある。

昨今、四国遍路は日本遺産に指定された。

今後は世界遺産指定をめざして、私も小さな一歩をすすめたい。

楽しい話をふたつ挙げてみよう。

ひとつは「八百八狸」のことである。四国遍路を調べているうちに、久谷（くたに）という集落に八百八狸の大親分「隠神刑部（いぬがみぎょうぶ）」がいた。

その息子狸に本陣狸がいて、札幌の狸小路通りの神社に祀られているという情報に、色めきたち、遂に私は確認のため札幌の狸小路に出かけ、伊予出身の本陣狸に対面することになった。本尊の木彫りの本陣狸大明神の足の裏に、伊予杉山の狸通（りつう）氏の名前があったのには本当にびっくりした。その後、地元松山大学に「伊予の狸学講座」が開講され、私もそのひとこまを分担し、聴衆をケムリに巻いたことは言うまでもない。

瀬戸内海の小さな島で大失敗の話がある。

島は過疎が進行し、高齢化率が高い。あるとき長屋門と白い倉の家を訪ねた。ひとっこひとりいない昼下がり、長屋門をのぞきこみカメラを取り出しパシリ。そのとき後に人の気配を感じた。島の駐在さんと地元のおばあさんに怒声を浴びた。私は泥棒に間違えられたのである。リュックを逆さまにして入っているものすべて放り出した。そのとき、いつもの真黒のおにぎりが転り出た。泥棒がおにぎり持参はあり得ないということで、みんなの三角につり上がった目は、やがて、もとの笑顔に戻るのに時間はかからなかった。

島の話題をもうひとつ。

さきの事件があってから数か月後、島四国（島内のミニ八十八寺めぐり）で再び島を訪れた。小さな地蔵堂が点々と島の各地にある。

最初は第一番霊山寺。大きな榎の木の下にお接待のおばあさんがいた。あのときのおばあさんである。目が笑っていた。イヨカンが山のように積まれていた。リュックにイヨカンがねじ込まれた。第二、第三と地蔵堂めぐりをした。お菓子、ジュース、おにぎり、おまんじゅう、それにまたまたイヨカンとお接待の限りを尽くされた。おもてなしを断ることは許されないことになっている。かくして八十八番大窪寺終了のときは、背中のリュックはパンパンにふくれ上がり、両手にはイヨカンをぶらさげ、へとへとになり帰宅した。

妻は目を丸くして言った。「あたし来年は必ず行くわよ」と、のたまわった。

「ええとこぞなもし」シリーズは二十年目で十冊目を発刊することになった。楽しい物語はすべて入れたつもりである。

昨年「松前(まさき)界隈はええとこぞなもし」を発刊したが、町では「ふるさと納税」に特産品を送るのでなく、ふるさとを愛してもらうため、この本を送るつもりであると聞いた。

さらに成人式で出席者全員に、ふるさと意識を高めるため、本を送るとも聞いた。

私のささやかな生涯学習は、いまあらたな展開をはじめだした。

八十五歳まであと二か月。十一冊目の「城北の奥の細道はええとこぞなもし」に現在挑戦中である。

自転車で出かけ、写真を撮り、夜は部屋に閉じ込もって、地図を書き、スケッチを描き、私なりの至福のときを過ごしている。

頼まれた講演には、自分が心から感動した話をしている。自分がいつも驚きの心と感動を持ち続ける限り、九十五歳まで頑張れると信じている。

しなやかな感性と求めてやまぬ探究心は、生涯学習の要諦だと思っている。

学ぶ喜びが高じて

渋谷　江津子

私は団塊世代の六十七歳です。高校卒業と同時に美容師の道に進み、二十五歳で小さいながら念願の美容院を持つことが出来ました。その後自衛官の夫と結婚、二人の子供も授かり、子供が成長したので新興住宅地に自宅兼店舗を新たに構えました。お客さんも増え、すべてが順調でした。ところが、私が三十九歳のとき夫に転勤辞令がでたのです。子供も保育所にいき、これからという時でしたから悩みました。一人前の技術者になるまで仕込んでくれたのも、最初のお店を買ってくれたのも両親だったので、途中で店を閉じるのは親に申し訳ないと思ったのです。

でも、夫が「俺が今単身で行ったら、二度と娘とは暮らせないな」というのです。女の子は嫁にいくという前提で言ったのでしょう。私は男親の言葉にグッときて、店を閉める決心をし、家族全員で釧路の転勤地にわたったのでした。

荷もほどき、夫は職場へ、子供達はそれぞれ学校へいき、私一人が家にいるようになると、私は仕事を辞めた後悔で鬱々とするようになりました。仕事仲間から自分だけが落ちこぼれたようで、敗者の気分でした。誰にも言えず夫に当たり散らし「パパのお陰で私は仕事を失ったのよ」と、けんかばかりしていました。夫を責めるのは大人気ないと知っていたので一人で悶々とした日もあります。悩んだ後、嫌な女になっていく自分に耐えられなくなり、仕事でも探そうと、夫に言ったところ返ってきた言葉は意外なものでした。

「その年齢で、知らない店で美容師として働くのは無理だろう。皿洗いか、掃除しかないよ。北海道の果てまで連れてきて、おまえにそんなことさせたら親に申し訳ない、趣味でも何でもしたらいいよ」と言うのです。

「え、働かなくていいの」と思いました。

そこで仕事はあきらめ、たまたま広報で知ったボランティア養成講座を受講することにしました。これが成人してからの私の学びのデビューになり、ボランティアといっても、種類もあれば責任も伴うことを知り、真剣に耳を傾ける自分がいて、人生で初めて学ぶ喜びを知りました。

そして、学んだ仲間と一緒に老人ホームでの散髪ボランティアをはじめました。その後、転勤地がかわっても続け、今年で二十六年になります。

老人ホームという現場でお年寄りに向き合うことは、自分達の老後を考える上で大きな学びにもなっています。

転勤地、釧路にいた昭和六十三年頃、日本はバブルの最中でした。当時の竹下内閣が「ふるさと創生事業」という政策を掲げ、市町村に一億円を分配し、釧路町ではそのお金を街づくりの人材育成につかい、ヨーロッパ研修を公募したのです。

「コロンブス探検隊」と名づけ、目的は街づくりの研修で、今後に役立てるのが狙いでした。その一つにボランティアで成功した街があり、興味を持った私は早速申し込み、まもなく許可の通知が届きました。

それを夫に伝えると彼は難しい顔で、

「そろそろまた転勤になる。研修してすぐ転勤では税金の無駄だから、ことわってこい」

ら、岩見沢の転勤を経て、五十歳のとき、夫に最後の辞令が下り、ふるさと弘前へ帰り私は美容院を再開しました。

そのころ、社会は「男女共同参画社会」の風が吹いていて、弘前市でも「きらめき女性塾生」を公募し、早速申し込みました。

卒塾後、学んだものを何かでお返しできないかと考え、ひらめいたのは、ヨーロッパ研修で学んだキーワード「街づくりは人づくり」のフレーズと、助役さんの言葉「学んだことはどこへ行っても役に立つ」だったのです。

「どうせやるなら、自分も楽しめ、人様に喜んでもらえることをしたい」

私にとって楽しいことはなんだろうと考えました。それが、この街に「弘前文学学校」を立ち上げ、自分も一生徒になり、もう一度学び直したいということだったのです。

肩書きも学歴も人脈も実績もないところからの出発でした。「函館文学学校」での学びが、あまりにも面白く、文学の奥の深さにも取り付かれ、熱意だけで動き、立ち上げて今年で十六年になります。

昨年末に「母から子への手紙コンクール」で大賞を受賞することができ、学びにはこのような実りも用意されていて、とても嬉しかったです。

三十九歳までは仕事と家庭と子育てで一杯でした。夫の転勤についていったお陰で、沢山の学ぶ機会を得ることができたのは、神様が未熟な私に学ぶチャンスを与えるためだったのかもしれません。

働き盛りで店を閉じ、「生きる支えでもあった仕事を失ったのだから、それ以上のものを持ち帰りたい」と思ったことが学びの出発で、何かを失ったときは、他の何かを得るチャンスだということも実感しました。

ボランティア養成講座、家庭生活カウンセラー、ヨーロッパ研修、文学、きらめき女性塾を経て、「弘前文学学校」を立ち上げるに至りました。今の役割は事務局兼一生徒です。そして美容院に来てくださるお客さまのお話を傾聴させていただき、学びを活かしてカウンセラーの役割も心がけています。無駄な学びは一つもありません。

「弘前文学学校」では、沢山の方に学ぶ面白さを知っていただき、私がそうであったように、学ぶことでそれぞれの人生を充実させてほしい、それが私の願いです。

若いときは勉強が大嫌いでした。学ぶ喜びを知らなかったのは、感謝の心がなかったからで、机に嫌々向かっていた頃は本当の学びではありませんでした。

でも大人になり、生きることの意味が分かってきてからの学びには、自分が求めていたものが分かり、生きる手ごたえさえ感じるときがあります。長い人生の中で何かを学びたいと思うときは、きっと自分の内面の不足感が発した信号で、学びのチャンスだと思います。

成人してからの学びには格別な喜びがあります。それは自分が学べる環境にいることに感謝がもてることと無関係ではないでしょう。家族の理解と健康でいることに感謝できるのは、紆余曲折を通り抜けてきたからで、そこに気づくと学べる喜びがフツフツと沸いてきます。

私を理解し、好きなようにやらせてくれる夫に感謝し、健康で学べる事の幸せを噛みしめ、一日一日を大切に過ごしています。

第四章　身近でみつけた学びの場

知の財産

上京したものの、生活するだけで精一杯で、夜間高校に通うことを断念した私は、「本から学ぶ」ということに辿り着く。本屋通いからカルチャーセンター、早稲田大学オープンカレッジの受講と、「源氏物語」を読むことを核として、知識が知識を呼び、点と点がつながり、線になるという学ぶことの素晴らしさを体験する。人間は何歳になっても努力さえすれば進歩する。挫けず頑張り続けて得た「知の財産」は、私の心の中でキラキラと輝き続ける。

私の生涯学習――学ぶ喜び

学ぶ意欲さえあれば、書物を通して一流の人々の教えに接することができる。私は各ジャンルにわたって、大学の教養課程レベルを目標に、基本的な知識を学び、それを達成しようと努力する。様々な分野の本を乱読し「系統的な雑学」を身に付けた私の内奥では、何の脈絡もないようなものでも相互に関連していきづいている。この「系統的な雑学」が、常にものを考える際の基準として私を支え、行動決定の指標となっている。

母から娘への生涯学習

妹が主導して始まった母の在宅介護。自分が介護をするうえで、何を学べば楽になるのかと、知りたい欲が出、介護の実践と制度を理解し、母や自分たちの利益につながることに楽しささえ覚えはじめた頃、母は逝ってしまう。母は我が身を教材として、私には周りの人を信じる謙虚さを教え、妹には地域で居場所を作る術を教えてくれた。私たち姉妹にとって、母の介護はまさに掛け替えのない生涯学習となった。

ともに学ぶ悦び「和算」

娘の中学校のＰＴＡ広報誌の編集と同時に、和算の勉強を始めた私。「和算王国福島の復興」を掲げて、定期的な和算セミナーの開催を予定していた日の前日に東日本大震災に見舞われてしまう。あれから四年が経ち、和算の復興を、福島の復興につなげることはできないだろうかと、私たちは再び「数学カフェ」を立ち上げる。福島の先人達が実践してきた皆で楽しく学ぶ精神、和算文化を継承し発展させていくことこそ、子孫の役割なのだ。

毎日が宝探し――ご縁に感謝する日々

教職中、森隆夫、森信三両先生の名著に感銘を受けていた私は、先生の言う「ぜひとも教師」を目指す後進に道を譲るべく早期退職。継いだ家業の温泉は、先生が著した「学校銭湯論」の如く、情報交換や生涯学習の場でもあった。「短所はブレーキ、長所はアクセル」との先生の言葉に、私は年代毎に訪れるギアチェンジの察知を追加して考え、ご縁に感謝しつつ、無駄や非効率の中に隠れる宝を見つけることも、生涯学習なのだと知る。

知の財産

渡辺　恵子

今日もまた、父がドングリを拾ってきた。食べるわけでも、何かを作るわけでもない。私は嫌な予感がして炬燵の中に潜り込み寝たふりをした。来春には小学校に入学すると言うのに、私はまだ十まで数えられなかった。父は困ってビー玉、おはじき、ドングリなどを使って、数えさせようと試みるがどうしても十まで数えられない。まさに『笛吹けども踊らず』だ。狸寝入りの私を無理やり起こした父は、仕方なく大きな声で一つ、二つ、三つ、と数えながらドングリを私の手の平にのせた。私は仕方なく三つ、まで父に付き合って数えたが、あとは押し黙ったまま数えようとしない。「来年学校に行けないよ！」と、ドングリをかたずける父を見てホッとする。だが、私はまだ名前も満足に書けない始末だ…　とにかく、勉強が大嫌いで竹馬やメンコ、ビー玉などで遊びほうける男の子のような子供だ。

ある時、男の子達に混ざって、竹馬で目的地まで何歩で行けるか競った。みんな大声で一、二、三、四と歩数を数えながら競っている。私も真似て歌うように数え夢中で走った。そして何時の間にか百まで覚えて両親を驚かせた。これを機に名前も書ける人並みの子供になった。

入学してからの私は学ぶことに目覚め、まるで別人のような女の子に変身した。

そして中学三年生になり進路を決める時期がきた。幼い頃の私からは想像できない優等生になっていた。担任の先生は進学を奨めて下さったが、私は六人兄弟の長子なので家計の苦しさも十分知っていたから、進学は所詮、無理と諦めていた。しかし、先生は残念がられ何度か父を説得して下さった。が父の答えは変わらなかった。

「やってやりたいのは山々なんだが…」と搾り出すように言った父の目に涙が光っていた。「高校なんかに行かなくても、私は負けないから！大丈夫だよ」と涙を堪えて笑って見せた。あの時の父の声が今も耳から離れない。結局、私は卒業すると直ぐ就職した。

だが、同級生達が真新しいセーラー服で楽しそうに、自転車に乗って来るのを見かけると、横道にそれるという屈辱感をもちつつ数年が経った。一度きりの人生を悔いなく生きなければ！

「東京で働きながら夜間高校で学びたい」という希望を抱き私は上京した。しかし、理想と現実の差はあまりに大きく生活するだけで精いっぱいだった。自分の浅はかさを身を以て体験し、取り敢えず夜間高校を断念した。

夜学が無理なら現在できることは何か？

自問自答し、「本から学ぶ」ことに決めた。生活を切り詰めて本代に当てた日々。たまたま『新・平家物語』を読んでいた頃。一巻読み終わると本屋通いをしていたので、ここの主人と顔馴染みになった。

「新・平家も良いけど、今度はこういう本も読んでみて下さいよ」と薦められた本が奇しくも『与謝野晶子訳　源氏物語』だった。現代語訳と言っても初めて読む『源氏物語』はかなり難しい。先ず主語がわからない。複雑な人間関係が分からない。ノートをとりながらなんとか全巻読みあげたが、源氏物語に心惹かれ、何時か原文で読みたいと思っていた。

丁度その頃、藤沢市にカルチャーセンターが開設され、『源氏物語を読む』と言う講座があることを知った。この機会は逃せない。早速、手続きをした。学ぶことを願い続けてようやく得たチャンスだった。

講師の先生は早稲田大学のN教授。初回は『源氏物語を読むにあたって』の解説で終わった。受講生は二十数名。専業主婦が殆どで年齢は三十代後半から六十代半ばの女性。男性は三名であった。今日から源氏物語の正統な講義が受けられると胸が弾んだ。

毎週一回の講義はかなり難しい。先ず高校で履修しているはずの古文特有の文法が分からない。『五段活用』、『係り結び』などなど、ついて行かれるかな？と不安もあったが帰宅すると必ずノート整理と来週の予習を怠らなかった。今までに経験のない日々の訪れ。

数か月過ぎた頃、何時もは先生が原文を、お読みになり解説して下さるのだが、その日は、「今日は風邪で声が出ませんので何方か読んで下さい」と言われた。しかし、私達は押し黙って下を向いたまま、氷付いたように動かなかった。すると隣席の方が「上手くは読めませんが、私が読ませて頂きます」と答えて読み始めた。私はその勇気に感心した。学ぶことは積極的に参加することも必要だと。この日を発端に翌週から順番で朗読する結果になった。今、思うと、先生の術中に落ちてしまったらしい。

簡単に朗読と言っても、いざ自分で読んでみると古文の朗読は難しい。諳んじるくらい読み込まないと上手く読めない。まして、シーンと静まり返った教室での朗読は、口から心臓が飛び出るくらい緊張する。掛かり付けの医師に、朗読時の緊張を話すと、「好きなことをしていて死ねたら本望でしょう！」と一笑に付され、それもそうかと納得。

難しい朗読も慣れてくると快感に変わった。古文特有の言葉の美しさが好きになり『姫君に読み聞かせする女房？』の心地さえ覚えた。こうして源氏物語と共に朗読も自分のものにでき、少しずつ世界が広くなってきた。

そんな日々が続いたある日、新聞を見ていた息子が切り抜きを持ってきた。『一九八八年度　早稲田大学オープンカレッジ　受講生募集』と大きく書かれていた。かねてから憧れていた『早稲田大学』で学べる機会が広告に載っていた。夢のようだ！早速受講手続きをし四月の開講を待った。

毎週三回オープンカレッジに通い始めることになった。五十三歳の春である。

先ず『源氏物語を読む』を受講。教室に入るとカルチャーセンターとはまた、違う学問に対する熱意に圧倒された。長い道のりだったが、ようやく辿り着いた私の『学び舎』だ。カルチャーセンターと重複するが、再度の受講は一層理解を深めた。三年が過ぎた頃、先生から『女君』に付いてレポートを書いてください。とのお話があった。レポートなど未だかつて書いたこともない。書き方も分からない。しかし「書かないのは残念だ。何事も経験したい。『平成の私が、平安の女君』と向かい合い感じたままを素直に書いてみよう」そして『朧月夜の君』について書くことにした。何時もレポートのことを考え続け、適当な文章を思い付くと必ずメモを取るなどして、どうにか自分の思いを纏めることが出来た。何十年ぶりかで原稿用紙に向き合った。このレポートは先生のご好意で『わたしたちの源氏物語』として一冊の本になり、私が平成の世に生きて居た証しの一冊となった。

こうして源氏物語を核として知識が知識を呼び、点と点が繋がり線になるという学ぶことの素晴らしさ!受講を開始するとさながら空腹時に好物の並ぶバイキングレストランに放り込まれたように学びたい講座がずらりと並んでいた。

『蜻蛉日記』に興味をもち選択。いよいよ講義が始まる。作者、道綱の母の、はかない結婚生活。妻としての怒り、嫉妬、諦めと苦悩。『行きつ戻りつ』する女心の切なさ。などなど。講師の先生の作者贔屓も窺われ素晴らしい講義に酔いしれた。

そして、『更級日記』藤原定家自筆、御物本の覆製本をテキストに使い、順番で朗読し、先生の解説を受けた。変体仮名を読むのは源氏物語の朗読よりも一層難しい。しかし、『あづまぢの道のはてよりも、猶おくつかたに生ひいでたる人…』に親近感を持った。(私も東路の猶おくつ方の生まれだから) また、作者の流麗な筆致に感動し作中に引き込まれていった。

だが、講義終了後、カバンを抱え帰りの電車に揺られると「今日の夕食は何にしようかしら?」と現実に引き戻される。このギャップの大きさが何とも可笑しい。

『祇園精舎の鐘の声…』で始まる平家物語。この先生の講義は大盛況で学びたい人達の熱気が溢れていた。講師の先生は、ご自分で原文を講談調でお読みになり、私達を自然に物語の中に引き込む話術を以て講義をされた。平家一門の栄枯盛衰、無常観。まさに源平の盛衰を目の当たりにしたような迫力のある講義だった。

この他にも、伊勢物語、土佐日記、紫式部日記など、学ぶ楽しさを十分堪能した歳月。気付けば七十六単位を取得し、修了証書を授与されるに至った。だが、『隴を得て蜀を望む』で、また、私の学びたい科目が出てきた。

『古文書を読む』これは難物中の難物。江戸時代の文書は変体仮名と違い独特な、くずし字で一字読むにも苦労した。しかし、読めた時の達成感は私だけのものだった。また、『○○にて候　依って件の如し』など、歯切れの良い『候文』は男性的で好きだった。

学ぶことの楽しさは勿論だが、キャンパス内を学生さん達に混ざって颯爽と歩くとき、年齢も家事も忘れ青春時代の真っ只中にいるようだった。『人間は何歳になっても努力さえすれば進歩する』ことも知った。振り返れば十三年が過ぎ、私は六十六歳になっていた。

カルチャーセンターの『源氏物語』五十四帖は二十一年間（四百六十六回）の受講の結果完読を果たした。この間にN教授がご好意で見せて下さった古注釈、奈良絵本、絵巻物などは述べ（八百十一点）に及んだ。これらは、この講座を受講していなければ生涯、目にすることはなかったであろう無形の財産だと思う。

学び始めてから二十八年の歳月が流れた。この間、決して平坦な日ばかりではなかった。何度となく体調不良で挫折しそうになった。しかし、講義に出席すると不思議と回復していた。実に『学ぶ』ことに支えられた日々。

学びたい思いを胸に上京して以来、挫けず頑張り続けて得た『知の財産』は、私の心の中でキラキラと輝き続けるだろう。

私の生涯学習――学ぶ喜び

吉開　靖之

この小論文を書くにあたって、私は先ず、生涯学習に対する基本的な考え方を述べ、そのあとで実践例をあげ、「学ぶ喜び」の大略を明らかにしていきたいと思う。

一、生涯教育について

一般的に行われている生涯教育は個人の生涯学習を支援するのを中心においている。多くの人々の要望に応えるような講座や「習い事」が学校、自治体、民間企業によって各レベルに応じた多様な取組みとなって行われている。しかし、私は学校教育の延長のような生涯学習にはあまりなじめない。自ら課題を見つけ、主体的、持続的に取組みたい。学ぶ意欲さえあれば、外部からの刺激や機会に恵まれない田舎町に住んでいても、今では書物を通して一流の人々の教えに接することができる。

二、私の生涯学習について

私は各ジャンルにわたって、大学の教養課程のレベルを目標におき、基本的な知識を学び、それを達成しようと努力している。一つの分野で入門書などを十冊ぐらい読むと、概略が少し見えてくる。この時、問題となるのは基礎学力をいかにつけるかである。小中学校の学習のように下から一歩一歩積みあげるのが一般的な方法であろう。しかし、私は大人の学習として目標をかかげ、そこへ至るのに必要な知識は何か。それを上から一歩一歩下げて得られた成果を基礎学力としている。さらに、学力とは知識・技能に加え、長年蓄積してきた学識や経験の総合的な力と言えるのではないか。それが証拠に若い時わからなかったことが、高齢になってわかることが多々ある。老年の功徳である。

私の生涯学習はもはや仕事の為でも社会的な評価を受ける為のものではない。知的好奇心のおもむくままに興味・関心は広がっていく。一見、何の役にもたたない学びの中に、思わぬ発見や感銘を得て楽しみを見出している。少し学べば未知の海原が眼前にあらわれ、それがさらなる学ぶ原動力となる。無知の自覚から学ぶ楽しさを感得し、しみじみとした喜びを味わっている。私は、年老いても自らの未熟さを自覚して精進せよ、という世阿弥の「初心忘るべからず」の真意を心に留めている。

三、私の実践例

私は多くの人々が出来ることが出来ない。車もパソコンもスマホもスポーツも。ただ、本を読むことぐらいしか能がない。しかし、これがあったおかげで、十一年間に及ぶ両親の辛い在宅介護の中でも身と心が救われた。

若い頃から私は仕事の勉強以外に幅広い分野の本を乱読することに無上の喜びを感じてきた。特に、退職してからは文系・理系の垣根をとりはらって「系統的な雑学」に耽った。例えば「箴言と省察」（ラ・ロシュフコー）「徒然草」「動的平衡」（福岡伸一）「日高敏隆選集」「寺田寅彦随筆集」などを始めとして、モラリストの著作や日本古典、分子生物学、動物行動学などへと発展していった。私に科学の偉大さ、楽しさを感じさせたのは寺田寅彦だった。「茶碗の湯」「蛆の効用」「藤の実」などは今も新鮮である。

理系の書物に親しむ契機となったのはもう三十年程前になる。読書には運命的な導きがあるようだ。私は「地球の科学」という竹内均教授の番組に啓発された。そしてさらに知りたいと思い、教授の「地球の科学」（NHKブックス）を読み、無謀にも「大陸と海洋の起源」を手にした。これは学術書であるので素人の私には勿論、専門的な記述はわからなかった。しかし、大陸の移動に関する諸説を紹介し、多角的に自説を展開していくウェゲナーの研究態度に新鮮な興味を覚え、畏敬の念をいだいた。

現代は、学問の進歩につれ、専門が細分化し同じ分野でも専門が違うと理解できないことがあるという。科学は細分化することによって長足の進歩を遂げたが、全体を総合的に考える視点に欠けるきらいはないか。ファーブルの「昆虫記」は研究ではなく趣味に属するものだろうか。

ともあれ、ウェゲナーは気象学者であるが自説を述べるにあたって「地球科学の全分野から提供された情報を総合することによって始めて我々は真実を見出すことを望み得るのである」と記している。

当時、私は地元の予備校で高校生に英語を教えていた。大陸移動説を読んでも明日の仕事の糧にはならない。しかし、無用と思えるものが有用であることを英文読解の折にも痛感した。英語だけ知っていても内容の把握には必ずしも充分でないことは、日本語の場合を考えても容易に納得できることである。

「人みな有用の用を知りて無用の用を知らざるなり。」私は荘子の「無用の用」の教えを感じることが折にふれてあった。

私は長年、語学、文学、歴史、宗教、芸術などに接してきたが、ウェゲナーを読んで自分の未知な世界に驚嘆し、知性の深さ、感性の豊かさに言い知れない悦びを感じた。だが語学以外の勉強はどれも直接的には無駄である。しかし、この無用・無駄が私の英語力を支えるものとなっていた。

私はこの先達に導びかれて興味が広がった。地球や宇宙のなりたちから生命の起源へと関心が拡大していった。生命の進化の過程を辿ると人間ばかりでなく生きとし生けるものにも興味が湧き、生物学、生命科学の入門書へと導びかれた。一言でいえば、極大から極小までの世界への開眼を促がされた。私にとって老年期は学び直しの時期となった。学校時代は、「ヤモリとイモリは何類に属するか」「メンデルの法則を三つかけ」など暗記テストで何の面白みもない「生物」に嫌気がさした。しかし今は違う。生物のすばらしさに感動するばかりだ。オオバコもサクラもミミズもナマコもそれぞれ独自の知恵と方法を身につけ過不足ない生き方をしていた。そこには進化の考えにあるような優劣はない。地球上に出現した生物は形や行動を変化させて様々な姿を示すようになった。その変化こそ進化ではないか。私はそう思うようになった。

七十八年の生涯で様々な分野の本を乱読し単なるもの好きになり果てたようだ。しかし私の内奥では、何の脈絡もないようなものでも相互に関連して息づいている。「系統的な雑学」と記した所以である。少くとも長年の読書体験は私に人生の幅と深さを教えてくれるものとなった。私はこれまで地位や名誉や財産には無縁であったが、先人に導かれ、今まで見えなかったものが少しは見えるようになった。私の生き甲斐はこれに尽きる。正に「遇い難くして、今遇うことを得たり。」（教行信証・序）という心境である。先哲との邂逅の謝念にひたって消光する毎日である。

本居宣長は「才のともしきや学ぶことの晩きやによって思ひくづをれることなかれ。」（初山踏）と弟子を励ましている。私もこの言葉に慰めと希望を見出し、古い生涯に安んずることなく読書に励んでいる。現在は読書が好きの段階から楽しむ段階に到ったことが無形の財産として残り、私の幸福の源泉となっている。私の場合、幸福は有用の中よりむしろ無用の中にあった。そして、私の心奥に沈澱している無用な「系統的な雑学」が常にものを考える時の規準として私を支え、行動決定の指標となっている。丁度、地球内部にあるマントルの流れが大陸を動かす大きな力となっているように。

私はよく散歩をするが、同じ道ばかり歩くのは面白くない。変化を求めて道草を食う。踏みなれた道を時折離れ、森の中に踏み込んでみると、今まで見たこともない違った光景が見えてくる。私の人生も道草をしてきたという感慨を深くする。三年前、遂に私も一人暮らしをすることになった。自分自身が試される時だ。生き方に公式はない。あるのは自分の生き方だけだ。私は自立と自律に心がけている。他からの助力を受けずに生活することを自立とすれば今のところ私は自立している。家事も何とかできる。私が重視しているのは自律である。自分の流儀に従った言動をする。私の自律の核心は知的好奇心を持続させることと社会的な接触を保つことにある。生きた人間との出会いに恵まれるよう「認知症の人と家族の会」や「哲学カフェ」などに参加し、新たな知見を得ている。また、月に二回新聞に投稿することにしている。読書によって受信するばかりでなく発信する必要を感じるからだ。書くことは知識を正確にし考えを深めることにつながるのではないか。

老年期は若い頃からのツケがまわってくる。私は英語教員という仕事柄、英語の上達を願い努力したが、広大な言葉の海を眼前にして途方にくれた。いつまでも「わかる」という実感がなかった。どうもしっくりこない。寸法の合わない服を着ているようなものだった。退職を機に仕事の勉強とは縁を切り、精神の沃野を広げることに生き甲斐を見出した。

私の生涯学習は、たとえ病床に臥すとも、気力のある限り、持続すると確信している。春雨の大地を潤すように心に染みる喜びを知ったからである。

母から娘への生涯学習

松岡　智恵子

若いときの学習と違って、大人になってから取り組む学習は、どこか期待感や楽しみがあるものだ。自分が好きなときにはじめ、やめるのも自由だ。だが、その学習は、いつの間にかはじまっていて、気がつくと必死に学ばざる得ない状況になり、そして相手次第で終わってしまう。自分の自由が利かない学習が、親の介護だった。

私は早くに結婚し、転勤族の夫と全国各地を楽しんでいた。夫の定年を機に、私の実家のある信州に三十年ぶりに帰ってみると、実母の介護が待っていた。父は若いときにモデルのアルバイトをしたほどの美丈夫だったが、脳出血で五十代半ばに逝った。母は四十代で未亡人になり四半世紀がたつ。母は見栄っ張りで気が強く目立つのが大好きで、地域の役員を買ってでもしたい人だった。だがどこか憎めない人で、小太りなうえ決して美人ではないが、その分愛嬌でカバーしていた。

実家には、私より三つ下の妹が母と住んでいた。妹は十人なみの容姿だと思うが、男性に縁が無く、うるさい男親がいないこともあり、独身のまま実家暮らしをしていた。町内会の行事、煩わしい親戚との付き合い、食事の支度も母に任せ、好き放題に過ごしていた。

こんな妹だったので、母を在宅で介護すると言い出したときには、正直驚いた。母は七十歳になった頃から脳梗塞を患ったが、この時は自分でトイレにも行け食事もできた。だが三年後脳出血で倒れると、意識不明が長く続き、寝返りも一人で打てない状態になった。私たちは、やむなく経管栄養（胃瘻）を選択した。介護度も一から四に上がり、在宅介護をするにしても難易度が著しく高くなった。私は施設を探そうとしたが、妹が「連れて帰ろう」と言い出し、在宅介護がはじまった。

夏の入院から半年後、あたりに雪が積もった年末、母は自宅に帰った。妹は母の入院中に、担当看護師からオムツの替え方、経管栄養注入の方法のレクチャーを受け準備万端である。私は実家から歩いて二十分くらいのところに居を構えていたので、妹が仕事のときはデイサービスを利用し、どうしても人手がない時だけ介護のお手伝いをするスタイルをとった。その時の私は、主介護者は妹がしてくれると、まったくお気楽なものだった。

幼い頃の私は少し勉強ができ、妹はいつも比べられて嫌だったと聞いたことがある。だが、こと介護に関しては、オムツ替え一つとっても、妹に「ここ抑えていて」「はい」、「タオル持ってきて」「はい」と、まるで立場が逆転した。何しろ私には猫の手なみの介護能力しかなかった。文句を言わない分、猫の方がマシだったかもしれない。

そして、難関は「胃瘻」からの経管栄養注入である。何しろ栄養摂取や水分補給は、胃に小さく開けられた穴からだけである。母の命綱を握ったことにもなる。この胃から出ているボタンがかけられた管に、栄養剤のチューブを接続するだけなのだが、不器用な私にはえらく難しい。妹は「ほら。すっと入れて、するっとハマるでしょ」と、何とも感覚的な説明をしてくれる。自分では、うまく接続できたと思っていると、妹から「ダメダメ、これじゃ。液がもれちゃう」とダメ出しが出る。結局私が差し込んだ管では接続が不十分で、いつも妹がやり直してくれていた。どうなることかと案じていた在宅介護も、妹が主導し、それなりに順調にはじまったと言っていい。

その妹が仕事と慣れない介護で二週間経った大晦日、「ねえちゃん。体、熱い」と訴え寝込んだ。まさに「え！」である。熱は一向に下がらず、私もさすがに腹を括った。

元旦、妹がいつも起きて介護を準備していた五時半に起きる。妹はこんなに早く起きていたのだ。「おかあちゃん、おはよう」。母は退院後大分意識が戻ってきたが、まだはっきりと言葉が出ず、いつもと違う娘が介護にきて目をくりくりしている。

私はこれまでオムツを替えたことが無かった。子どもを産んだ経験のない私は、赤ちゃんのオムツすら替えたことが無かった。それが最初のオムツ替えが、まさか母になろうとは思わなかった。オムツをそっと開けると、大量便だ。自分の親だからか、汚いとか匂うとかの意識はわかない。妹の行動を思い出す。まず横向きにしていた。だがうまくいかない。すぐに反動で上向きになってしまう。そうだ、「ペンギン」を使おう。ペンギンとは、一枚の布の両端にマジックテープがついていて、柏餅を大きめの柏の葉でくるみ、ベッドサイドにくくりつけるようなものである。「もしもの時に」と、福祉用具店が貸してくれたものだ。今がもしもの時だ。母にしてみれば、ギューギュー締め付けられて不安だったに違いない。その後「ペンギン」を使用しなくても済むようになった時も、横向きにするとベッドサイドに布団の端っこを、コチョコチョと結ぶ仕草をした。きっとこの時の嫌な記憶がよみがえったのであろう。さぁ、これで横向きになった。経管栄養はミルクのみ人形のように、そのまま水様便が出てくることが多い。日本の紙おむつはその保水力で砂漠の緑化にも使用されたことがあったなぁと、なぜか思い出す。今はそれどころではないのに。その後もお湯が無い、タオルが無いと悪戦苦闘が続き、妹が二十分で仕上げるオムツ替えを、一時間もかかり、ようやく終わらせた。

次はいよいよ胃瘻からの経管栄養注入だ。「すっと入れて、するっとハメる」念仏のように唱えながら、母の胃瘻ボタンを探し試みるがなかなか難しい。「電気、つけたら」それまで、「あー」とか「うー」くらいしか発しなかった母が、はっきりした言葉をかけてきた。確かにあたりはまだ薄暗く、蛍光灯をつけていないことにも気づいていなかった。母はおぼつかない娘の指先に身の危険を感じたのか、居てもたってもいられなかったらしい。お言葉に甘えて電気をつけ、どうにか接続に成功した。小さな達成感がこみ上げた。結局妹は、正月三が日寝込み、元気になった。私もこの集中特訓のお陰か、オムツ替えも経管栄養注入も劇的に成長し、「猫の手」から「お猿の手」くらいに進化した気がする。

この三が日は、どこか他人任せだった私の介護への意識をも一変させた。寝返りさえ打てない母のために、何をすればよいのか、なんてかっこいいものでなく、自分が介護するうえで、何を学べば楽になるのかと、知りたい欲がでてきたのだ。

改めて「胃瘻」の構造を知ることからはじめた。うまく接続できなかったのは、胃から出た管を引いたら抜けるのではないかとか、押したら突起物が胃に刺さるのではないかとか、怖々扱っていたせいだ。構造を調べると、少々のことでは抜けないし、胃内部はバルーンのようになっているので刺さる心配が無いことがわかった。却って、胃から伸びた管は毎日少しずつ回転させたほうが良いこともわかった。構造を学べば怖くない。

そして最も困ったのは、主介護者の妹が急に倒れてしまった時だ。その時、誰かに相談したかったが、ケアマネジャーは休日で連絡が取れず途方に暮れた。何かないかと市役所からもらった「高齢者のしおり」を開くと、訪問看護師について書いてあった。早速ケアマネさんと相談して、事業所と契約を結んだ。これで夜間でも対応してくれることになった。

これまでお役所からいろいろな冊子や資料が届いても読んだためしがなかった。だが、今回は違う。介護について読みだすとおもしろい。市町村独自のオムツ代補給や出張美容師、介護タクシーなんかの申請もある。最初介護保険制度は難しいと思っていたが、わが身に置き換えてみると理解しやすい。ケアプランも自己流だが算定できるまでになった。そのうち利用施設の請求ミスまで見つけられるようになった。知らないことを学び、しかも母や自分たちの利益につながると言うことはなんと楽しい事か。

だが学ぶことで最も変わったのは、介護に対する自分の姿勢だ。介護は机上の空論だけではすまない。妹をはじめ教えを乞うため多くの方に頭を下げお世話になった。私はそれまで人に頭を下げるくらいなら自分でやった方がマシだと考える、何とも鼻持ちならないヤツだった。介護は一人で抱え込んでしまっては難しく、「助けて」と声をあげたら、周りの方は手を差し伸べてくれることを学んだ。

妹も知らない間に、地域の方から受け入れられていたようだ。それまで「結婚もしないで、わがままばかり言って」と、とかく厳しい目で見ていた近所のおばさんたちが、仕事も介護もがんばっている妹に、「行ってらっしゃい」と声をかけてくれるようになった。町内の掃除も当初は嫌々顔を出していたらしいが、「ここはいいから、お母ちゃんの面倒をみて」と言われて、妹も「田舎もまんざらじゃないな」と言い出した。妹も介護をしたお陰で、「結婚もしないで、わがまま言う娘」から、「結婚もしないで、親の介護をする孝行娘」に、ご近所のみなさんの記憶をどうやらすり替えられたようだ。

ますます介護にのめり込んだ私たちは、「胃瘻」を何とか解消すべく、情報を集め良い歯科医と出会い訪問歯科診療をお願いした。口腔リハビリを重ねたお陰で、口から水分もおやつ程度なら食べられるようになった。母はまた自分の口から食べられるようになったのがよほど嬉しかったようだ。毎日のおやつを楽しみにし、何より笑顔が増えていった。

在宅介護も一年ちょっと過ぎた四月、「年末にはお母ちゃんの好きなエビフライで年越しだ」と、話していた矢先、母は急に逝ってしまった。母の介護学習は、ある日突然卒業を迎えた。母はわが身を教材として、私には、周りの方を信じ「助けて」とお願いする謙虚さを教え、妹には地域で居場所を作る術を教えて逝った。私たちにとって母の介護は、まさに掛け替えのない生涯学習になった。

ともに学ぶ悦び「和算」

藤田　理穂

一、和算王国福島

「和算」というものをご存じだろうか。日本史の教科書で、「関孝和」という名を見かけたことがあるかもしれない。しかし、それ以上のことは、私も全くといってよい程知らなかった。和算は、鎖国していた江戸時代、関孝和らによって日本独自に発展した数学だ。「鶴亀算」のような易しい問題から、大学や研究者レベルの難解な問題まで、実に様々だ。そして、この関孝和に影響を与えた和算家に、二本松藩（福島県）の礒村吉徳がいる。礒村から始まった福島県の和算は、江戸後期から明治時代にかけて大きく発展していた。これら、先人たちの足跡については、三十年余り前に、福島県和算研究保存会の方々が、調査結果をまとめて出版にこぎつけている。

二、数学カフェ「πの日」

「和算王国福島の復興」――そんな目標を掲げて和算セミナーを立ち上げたのは、四年前の事だった。定期的なセミナーの開催を目指して予定した日は、二〇一一年三月十二日、東日本大震災の翌日。電気も水道も止まり、交通は寸断され、ようやく通じた電話で、私は、セミナーを主催している五輪先生と「中止ですね」と、連絡を取り合った。

半壊した我が家を修理し、放射線問題に翻弄され、日々の生活に追われながらも、私たちは、この地で、復興に向けて歩んできた。

そして、空白の四年を経た二〇一五年三月十四日、円周率にちなんで「πの日」と名付けたセミナー「数学カフェ」を、福島県立図書館で開いた。集まったのは、五輪先生と私たち数学セミナーの常連、そして福島県和算研究保存会のメンバーだ。和算の復興を、福島の復興につなげることはできないだろうか。そこにいた誰もが、郷土愛と数学愛を心に秘めつつ、福島のために、自分ができることをしたい、と願っていたと思う。

三、和算との出会い

「数学カフェ」では、はさみと折り紙だけで、ピタゴラスの定理を証明してしまう。中学生も大学の先生も、一緒に楽しめる数学だ。しかし、残念なことに、皆に知られているとはいい難い。私が、そんなマイナーな和算を学ぼうとしたのは、なぜなのか。そこには私と和算とのいくつかの出会いがある。

初めて触れた和算は、小学校の教科書に載っていた「鶴亀算」。解き方がわからず父に聞いた。数学好きの父は、和算の解法と方程式の解法を教え、「ついでにこれも解いてごらん」と、「盗人算」の問題を出してきた。「盗人が反物を盗んできた。七反ずつ分けると八反余り、八反ずつ分けると七反足りない。さて、盗人は何人、反物は何反か。」これもさっぱりわからない。当時は、考えずに解けてしまう方程式の解法に目を奪われ、和算の解き方は難しいなあ、と思った記憶がある。

次に和算に出会ったのは、白河市に就職して一年目。史跡巡りをして、芭蕉が、白河の関と思い込んで通った、といわれる境明神を訪れたときだ。

「この境明神には、算額という珍しい絵馬がある。大学の入試問題にもなるような難しい和算の問題もある。」

案内役を務めた地元の先生は、たいそう自慢げに話していた。和算の問と答えを絵馬にして神社仏閣に奉納することを、この時初めて知った。この算額の問題は十問あり、問一の答えが一寸、問二の答えが二寸、という粋な算額だ、と知ったのは、ずっと後のことだ。

それ以来、私は、神社やお寺の境内で絵馬を見かけると、算額かどうかを確かめるようになった。すると、意外なことに、県内のあちこちで算額が見つかったのだ。墓参りに行ったお寺の山門にも、普通に算額が掲げられている。「なんだ、算額なんて珍しくもない。」私は、一時期そう思い込んでしまった。全国に現存する算額千百余りのうち、百三十七が福島県にあるということを、私はまだ知らなかった。

四、ＰＴＡ会報と和算と学ぶ意味

人生の折々に和算に遭遇しながらも、実際に学び始めたのは五年前のことだ。その年、私は娘の中学校でＰＴＡの広報部長を務め、ＰＴＡ会報「みくわば」の編集に携わっていた。その広報紙に載せる特集のテーマを、広報部会で話し合っていた時のことだ。

「子どもがね、何で勉強しなくちゃいけないのって聞くの。何て答えたらいいのかな。」

「うちもそう。勉強はした方がいいに決まっているけど、どう説明したものやら。」

部会の中のそんな井戸端会議から、「なぜ学ぶのか」を特集することになった。先生にインタビューしたり、図書館で本を探したり、「学ぶ意味」を中学生に考えてもらいたいと知恵を寄せ集めた。ちょうどその頃、福島市在住の作家冲方丁氏が書いた「天地明察」が本屋大賞を受賞、こちらも特集したいね、ということになった。本の中に算額や絵馬が出てくる。学区内には絵馬平という地名があり、何か関連がないか調べてみることにした。そこで、銘々が興味を持った算額や絵馬について調べ、翌週、部会に持ち寄った。その調査結果は、驚くべきものだった。

まず、福島県の現存算額数は、全国一だということ。その調査研究の中心になっていたのは、地元絵馬平の方だったということ。学区近辺には、いくつも立派な算額があること。

算額があるという神社に出かけて、宮司さんからいろいろな話を聞いてきた部員もいた。広報部みんなでその神社を訪問し、算額を見てまわり、歴史研究会や和算研究会の方にもいろいろ教えて頂いた。

広報紙「みくわば」は、「ともに学ぶ喜び」というテーマのもとに、理論編「なぜ学ぶのか」と、実践編「天地明察にでてくる『算額絵馬』ってなあに?」に分けてまとめた。

理論編の中で、子どもたちに伝えたかったのは、「学ぶことは楽しい」ということだ。好奇心を持ち、好きなことを徹底的に調べてみる。それを友達に教えたりして仲間を作る。学ぶことは自分のためだけではなく、まわりの人たちのためでもあり、いつか社会をもっと住みよくすることにつながるかもしれない。そして、自分一人ではなく、「友と学ぶ」、「共に学ぶ」ことが、素敵なことだと述べた。

実践編では、「自由研究」と称して、和算や算額について調べたことを、レポート風にまとめた。部員の中には「数学は苦手」という人もいて、和算について調べることが負担にならないか、という心配もあった。ところが、いざ和算について調べ始めると、数学苦手の部員が、精力的に動き回っていたのだ。編集作業も終わる頃、彼女から手紙を頂いた。

今回の取材を通して、今まで全く縁のなかった和算の世界にどっぷり浸り、久々に勉強しちゃった感じです。中学生に学ぶ楽しさをわかってもらうことは難しいと思いますが、今回私は本当に楽しかった！知らない世界を見て、知って、元気な人に会って、それを持ち帰り、みんなで「あーだこーだ。」この楽しさが、どうか広報紙を通して、皆さんに少しでも伝わりますように。

彼女の言葉を借りるまでもなく、私も、本当に楽しい時間を過ごした。フットワークの軽い彼女たちに引っぱられるように、山の中の神社やお寺を巡り、図書館の郷土資料を読みあさった。

五、数学セミナー

広報紙の編集と同時に、私は和算の勉強を始めた。当時、娘の高校の数学教師だった五輪先生が、市民対象の数学セミナーを開催していた。

「お母さん、好きでしょ？出てみれば？」

娘に誘われて、私は数学セミナーに参加するようになった。和算について学びたい、と伝えると、五輪先生は、早速、和算の問題を準備してきた。実は五輪先生、以前から、市民が気軽に楽しめる和算を広めることに、尽力されていたのだ。

和算の手ほどきを受けながら、五輪先生といっしょに和算セミナーのＰＲに新聞社を訪れた。そのかいあってか、翌二〇一一年の元旦特集に、福島の和算を取り上げてもらうことができた。その後の顛末は冒頭に述べたとおり。和算セミナー開催の前日に震災に見舞われ、四年間の休止状態に追い込まれたのだ。

六、「ふるさと福島」の復興

私の故郷福島は、原発事故と根拠のない風評に苦しみ、今も避難生活を余儀なくされている方たちもいる。故郷に自信を持てず、俯いたまま日々を送っている人もいるかもしれない。だからこそ、私は伝えたいと思う。福島の先人たちの素晴らしい和算文化を。そして、この和算文化を継承し発展させていくことは、私たち子孫の役割ではないかと思う。

福島市土湯温泉の一角に、和算家渡辺一の墓がある。渡辺一は、最上流という流派の和算家で、その門下生は数千人に及ぶという。地元に残されている一枚の絵には、和算塾に集まる百余人の門下生が描かれている。そこには、武士、町人、百姓、そして娘も、乳飲み子を抱えた母親もいる。彼らはなぜ学んでいたのだろう。それは尋ねるまでもない。彼らは楽しかったのだ。身分も職業も、年齢や性別も問わず、皆で学ぶことが楽しくてたまらなかったのだ。これこそ、生涯学習などという言葉もない時代から、福島の先人たちが実践してきた学びの精神ではないだろうか。

「子曰わく、学んで時に之れを習う。亦た悦ばしからずや。朋有りて遠方より来たる。亦た楽しからずや。」（論語訳文は吉川幸次郎著『中国の知恵』新潮文庫より）

「朋」とは、ともに学問をする者のこと。「ともに学ぶ喜び」そして、学んだことが、いつか誰かの役に立てるのなら、それこそ人生最高の悦びなのだと思う。

ふるさと福島を誇りにしつつ、私の和算の楽しみは、まだ始まったばかりだ。

毎日が宝探し――ご縁に感謝する日々

後藤　昇

序文に代えて

森隆夫先生、もう一度お会いできる日を夢見て、毎年応募を重ねて参りました。生涯教育を提唱し、礎を築き上げ、きっぱりと旅立たれた先生の遺志を忘れません。

ご報告が遅れました。教員を辞めました。チョークの代わりに雑巾を持つ仕事に就きました。教壇の上からでなく、下からお客様に傅いております。

国が定義したような仰々しい概念でなく、とても単純な、いつでも、どこでも、誰でも学べるのが生涯学習なのだと実感中です。

一生勉強・一生青春を心構えとし、生き生きと生き直している所です。

学校という権威・後ろ盾もなく、先生と呼ばれる所属価値が無くなりました。収入もストレスも無くなりました。けれど、役に立っているという存在価値は以前より満喫できているのが不思議です。

きっかけを下さった先生に感謝を込めて。

師と仰ぐ二人の森先生

小学校教員に採用されて数年が経った頃、お茶の水女子大学付属小学校の公開研究会に参加した。東北の田舎公立校と比べ、洗練され斬新、かつ伝統を感じる学び舎は、児童はもちろん教職員も溌剌颯爽としていた。校長職は退いておられたが、森先生の指導が受け継がれているのは明らかだった。

信念も教育技術も持たぬ職員ばかりの現場に放り出されることほど辛いことはない。学級崩壊やモンスターペアレンツから裁判を起こされる等のニュースは、当該教員の指導力不足だけが問題なのでなく、校内人事や逃げ腰監督庁にも責任があるからである。

大学で学ぶ理論だけで集団は動かせない。子どもらは赤を青と言ったり黒く見えたり、善悪の基準が違ったり無かったり、教員と同じく見えているわけではないからだ。教室が生き生きとしているのは、運ではなく技術による所が大きい。その秘訣は読書だと思う。幸いにも私は研究熱心な同僚に恵まれた。「講習会に参加すること・本を読むこと・それも出張費や学級費など当てにせず、自腹を切って学ばねばチカラは付かない」と助言された。お陰で森隆夫先生、森信三先生の名著に出会うことができた。有名な教育者は多いが、私の心に響いたのがお二人だった。

中でも、国民教育の父と謳われた森信三先生が残した言葉に、印象深いものがある。なぜ教育はかくも難しいのかという問いに「人間の営みの中で、人間の魂を育てるというのは最も難しい。自分があるべき様に生きるのも難しいのに、それを縁ある人に伝え、相手がそう思って自立して生きるようにするのが教育なのだから、そりゃ難しい。」

教育現場にいる間、私が抱いていた違和感は、これだと感じた。大方の教員は教育を面倒だと思っても難しいとは思っていない。いわゆる無知の知の欠如だ。教員に採用された途端、己への学びを止めてしまっている。

問題行動がある子どもへの対策は話し合っても、その背景にある問題のある保護者や、家庭事情対策は取ろうとしない。管轄外のヤブヘビ突くべからず。掲げた目標である地域との連携はどこへやら。親の再教育と言えば傲慢だと猛反撃されるだろうが「楽しく生涯学習ご一緒しませんか」という形で引き出せないものか。在職中ずっと考えていた。

通俗教育と水商売

定年まで十五年あったが、早期退職することにした。県に提出する理由欄には「少子化で年々教員採用枠が減る中、産休補助など、期間も俸給も少ないにも関わらず、ぜひとも教師になりたいという志を貫こうと奮闘を続ける後進に道を譲りたい」と書いた。ぜひとも教師とは、もちろん森隆夫先生の請け売りだ。でもしか教師が蔓延していた時代、森先生流の希望に満ちた造語のひとつ。

退職理由は他にもあり、百年続いた家業を廃業するか否かの選択を強いられたことだ。湯治客が絶えない温泉宿を生業としていた。栄華必衰の道理か、近隣市町村が一斉に人工温泉を掘削。日帰り娯楽施設をオープンさせた。安くて新しい施設に客が移るのは当然の成り行き。経費も利益率も関係なく、赤字が出れば補正予算組んで税金投入すればいい公営が多数出現した。親父は臥し、お袋は介護に当たる。人を雇う余裕はない。

一家に一人公務員がいれば安泰と言われる農山村にあって、私の給料で家族を養うことは可能だった。私が跡を継いだとて経営が盛りかえす保証はなかった。廃業か・・・けれど常連客から「入浴代を二倍払うから続けてくれ」「野良仕事を頑張れるのは湯っコのお陰だったのに」等と懇願された。定年がない代わり、一生働かねばならない人たちがいる。介護保険にも生活保護にも該当しない人たちの憩いの場でもあった温泉。情報交換や生涯学習の場でもあった。まさしく森先生が著した「学校銭湯論」の如し。

かつて、北野生涯教育振興会の論文募集テーマであった「家訓を作ろう」に応募した時、家族で話し合って三か条の家訓ができた。

一、こつこつ努力しましょう

二、ことばに気を遣いましょう

三、こどもやお年寄りを大切にしましょう

小学生だった娘たちも今や大学生だが、時おり斉唱している。先ずは自分を育み、次に近くにいる人を助け、やがては見ず知らずの人に対しても陰徳を積めるような、つまり社会貢献できる人間になることを究極の人生目標にした。親父の背中を見せるのは今だった。

退職を知った同僚で「水商売に成り下がるのか」と言った人がいた。保護者や生徒からの評判も、授業の上手さ下手さも関係なく、同じ給与、退職金、共済年金が支給される安定職業と比べるなら、収入が流れる水のごとく不安定な商売なのは確かだ。軽蔑の眼差しを感じたが私は悔しくなかった。

一般的に水商売と言えば、酒を供する接待業を思い浮かべる。職業に貴賎はないというものの、あまり良いイメージでないことは確かだ。けれど私には志があった。

家業を手伝っていた妻から「Aさん、介助なしで歩けないのに論語を暗記している」「Bさんに剪定を教わった」しばしば客との楽しいやりとりを聞かされていた。

逆に愚痴も聞かされた。森先生が「子どもの躾は大人がするが、大人の躾は誰がする」と、大人の幼児化を心配しておられた。我が家の場合だと入浴マナー欠如客が、幼児化した大人の具体例だ。尻を洗ってから浴槽に沈む、シャワーを独占しない、脱衣所を濡らさないなど。年齢性別関係なしだとぼやく。「何回注意したらわかってくれるんですか」ヒステリックに叫ぶ妻を眺めていると、それはケンカを吹っかけているのと同じだよ、初めて特別支援学級の担任になって「何度教えたら足し算を覚えるんだ」と怒鳴っているのと同じ。言葉掛けの工夫を妻に教えながら、教職経験は無駄でなかったと安堵した。通俗教育と蔑まれようが、水商売と呼ばれようが、新しい学びの場での展開は楽しい。認知症気味のお年寄りへの言葉掛けも、自閉症児童を受け持った時の経験が役に立っている。職業体験に訪れる中学生から「大変だったけど飽きずに働けて、お客さんから喜んでもらえて嬉しかった」と感想をもらえると、授業がうまくいった時を思い出して懐かしくなる。学校だけが学びの場ではないと実感。

四十にして惑わずとは

生涯教育への目覚めだと思う。森先生が子どもを指導する時に「短所はブレーキ、長所はアクセル」と運転に喩えていた。私はこれにプラスして、年代毎に訪れるギアチェンジのタイミングを察知すべきと考えている。

もちろん一所懸命、定年まで勤め上げることも尊いことだと思う。ただ、学校という狭い社会しか知らない私なので語弊を招くかもしれないが、新採用後に身につけたスキルが未熟であると自覚しないまま、磨くことをしないで定年の日を待つ人がいるのも事実だ。

過去に私は心身ともに疲弊して休職した経験がある。その時に読みふけった「私の生涯教育実践シリーズ」に付けられたタイトル「道」「光」「夢」「志」「命」は、正に読む薬だった。娘らと家訓を作ったり、心の庭たる家庭を大切にする時間を持てたことで、もう一度教壇に立てたのだった。病すら無駄ではなかった。

年齢性別境遇は違っても、温泉に癒しを求めて来てくれる人たちに、何かお手伝いはできないだろうか。そんなことを考える生活がイコール仕事である幸福。学校教育という縛りの中では実現できなかった生涯学習の、魅力と必然に感謝する日々を過ごしている。これも病気から復活するまで支えてくれた家族と、そして、二人の森先生とのご縁を結んでくださった北野隆春先生の作られた財団のお陰だと感謝している。

無駄や非効率の中に隠れている宝を見つけることも、生涯学習なのかもしれない。私の早期退職という決断は途中棄権と言う人もいた。卒業まで持ち上がりで担任してほしかったと泣かれた日を忘れてはいない。申し訳なかった。だが、生き方不器用だったが故に、在職中は全力で働けたと思っている。私を見て「あんな風にはならない。最後まで天職を全うする」と反面教師にしてもらっていい。子ども達にも将来職業に就く時に、給与や休日優先でなく、一生情熱を注げるかどうか、社会貢献できるかどうかも選択肢に加えてもらえれば、と最後の授業で話した。

篤志家とは志の篤い人と書くが、言い換えれば情け深く、人を信じる能力に優れているることだと思う。私には資金も社員もないので大きなことはできないかもしれないが、北野生涯教育振興会から譲って頂いた社会貢献というタネを、雪国の山里に蒔いていきたい。喜びの種蒔きほど楽しい生涯学習はない。

終章　アクティブ・ラーニングへの招待

アクティブ・ラーニングへの招待

お茶の水女子大学教授
耳塚　寛明

学びの価値それ自身は、老若男女を問わず、また時代や社会の如何によらず、普遍的である。けれども、何をどう学ぶかについては、普遍的であると同時に変化する側面も持っている。最近、大学の同僚たちや学校現場の先生方と、何をどう学ぶか、学ばせるかに関してあらためて議論する機会が増えた。教育界に、求められる学力・能力観（何を学ぶか）の転換と、学びの様式（どう学ぶか）の変化の波が訪れようとしている。現に、学習指導要領の改訂作業や、先進的な取り組みの普及を促す動きがすでに始まっている。こうした変化の波は、生涯学習のあり方を考える上でも大切なポイントを示唆している。

一、知識吸収型学習から知識生産型学習へ

第一のポイントは、学ぶ際の学習者の「構え」であり、その転換が必要だという主張である。私はそれを、「知識吸収型学習」から「知識生産型学習」への転換と呼んで、伝道者のように講演や講義で繰り返し訴えるようにしている。

論点を際立たせるために、少々極端な形で両型の違いを描く。図一と図二は知識吸収型学習と知識生産型学習を対比させて示した。

まずは、知識吸収型学習について。その典型は、高校までの児童生徒がいまでももっとも馴染んでいる学習の型であり、教科書を前にこれを理解して知識を吸収しようとするものである。成人学習者も例外ではないだろう。教科書に書かれているのは、専門家たちによってすでに評価の定まった体系的知識である。だから読者すなわち学習者は、その知識の正当性を前提としてこれを受容的に理解して自らのものとするのがふつうである。教科書の世

図一　知識吸収型学習

典型例＝高校までの学習（知識吸収型）
・「教科書」を吸収するのが典型
・教科書＝知識は予め、「そこにある」
・知識を吸収する速さ、早さを競う

界では、教科書に書かれた真実を前にして、真綿のような頭脳にこれを素早く吸収し、できるだけ多く蓄えるのが、よき学習者にほかならない。

私の勤務する大学の初年次演習でしばしば見られるのは次のような風景である。初めてゼミの発表をする学生は、指定されたテキストを一所懸命読んで無心にレジュメを作成し、正しく明快に要約できる。好ましい。けれども致命的に欠けているのが文献に対する批判的構えである。論者の立場に立ってまずは素直に論旨を読み取る。それは読むことに不可欠なのだが同時に第一歩に過ぎない。そこで終わってしまえば論旨を「聖書」のように受け入れるしかない。事実誤認、論理の飛躍、前提の不確かさ、根拠薄弱、データ解析の誤謬、過度の一般化など、論者が犯したかもしれない過ちは一顧だにされないまま、結論だけが、うぶで吸収力に富む真綿のような頭脳に染み入ってしまう。だから討議の段になると大方は寡黙な人に化す。論者と異なる結論を引き出すための論理回路と構えが排除されてしまっているので、そもそも議論が成立しない。聖書のように読んで吸収してしまう素直さは、結果として「長いものに巻かれる」ことにつながる。知的無垢さは、権力や権威が提示する歪んだ世界観をも抵抗なく受容して、容易に時代の加害者に化けてしまう。これが教科書とよき知識吸収型学習者の世界である。

　次に知識生産型学習について（図二）。教科書に書かれた知識は、神が与えたもうたかのように私たちの前にアプリオリに存在するものではまるでない。知識は、何者かが、この世界をある方法によって観察して切り取って整序した「事実」ないしは「世界観」に過ぎず、〝真実〟ではない。観察者が異なれば、観察する方法論が異なれば、そして事実の組み合わせ方（整序の仕方）が異なれば、そこには違った世界が見えてくる。求められているのは、すでに「そこにある」知識を受容するだけの学習者ではなく、知識を生産することのできる能動的な学習者である。知識を正しく理

図二　知識吸収型学習から知識生産型学習へ

「知識」とはなにか
・「知識」は予め、「そこにある」もの
　ではない
★だれかが
★経験的世界（自然・人間・社会）を
★観察して（方法論を用いて）
★生産した結果

知識生産型学習
★経験的世界を観察する方法論の修得
★知識を組み合わせて新しい世界観を
　獲得する思考力を磨く
★知識を評価する批判力の獲得

解できる能力を持った上に、自ら新しい知識を生産することのできる学習者である。

知識の本質に気づいたとき、同時に学ぶことの本質についての理解も変化するであろう。学習者の眼の前に「教科書」がはじめからあるわけではない。そうではなく、自分自身が、自然的世界であれ、人間であれ、社会であれ、対象を観察して得た知識を整理し、組み立て、整序し、経験的法則を見いだしていくのである。まっさらなノートにそれを記していくのである。こうした知的生産の結果が、知識にほかならない。

知識生産型学習を可能にするには、①経験的世界を観察するための方法、②知識を組み合わせて新しい世界観を獲得する思考力を修得する必要がある。これがなければ、何が事実であるのかを見極めることが不可能となり、他者と知見を共有することもできない。観察する対象ごとに、あるいは学問領域ごとに、観察のための方法論は異なる。では、方法論を修めなければ知識を生産できないのかといえば、さほど恐れる必要はない。私たち自身、日常的に、外界を観察してそこに経験的な法則を見出し続けているからである。事態の推移や他者の行為を予測しつつ自らの行為を選択しているのは、私たちが日常的に知識を生産していることの証左である。研究者や科学者の持っている方法論というツールは、日常生活者がだれでも持っている観察の眼を、精緻化し、理論化し、体系化したものに過ぎない。

二、何を学ぶのか　求められる学力・能力観のシフト

第二のポイントは、何を学ぶのかに関わる。近年日本の教育界では、知識・技能の修得に加えて、それが日常生活の中で活用できる力が重視されるようになった。平成一九年度から導入された文部科学省全国学力・学習状況調査のB問題がその典型である。このほか、ＯＥＣＤのＰＩＳＡ調査や成人を対象としたＰＩＡＡＣ調査（国際成人力調査）でも同じ方向が目指されている。これらに共通しているのは、次のような学力・能力の要素が強調されている点である（松下佳代編著、二〇一〇、『〈新しい能力〉は教育を変えるか』ミネルヴァ書房）。①基本的な認知能力（読み書き、基礎知識、スキル）、②高次の認知能力（問題解決、創造性等）、③対人関係能力（コミュニケーション、リーダーシップ、チームワーク）、④人格特性・態度（自尊心、責任感、忍耐力等）。これらはまとめて、キー・コンピテンシーと呼ばれる。キー・コンピテンシーを構成する要素をも

う少しかみ砕いて整理すると図三のようになる（松下編同上書から整理）。

図からわかるように、これまで私たちが学習の結果手に入れようと目標にしてきた要素、すなわちカテゴリ1の「A言語・シンボル・テキスト、B知識や情報、Cテクノロジー」は、キー・コンピテンシーのごく一部の要素にすぎない。狭義の知識は、異質の人々からなる集団の中で（カテゴリ2）、自律的に行動することによって（カテゴリ3）、はじめて、個人の人生の成功やうまく機能する社会の実現に寄与するというのである。

こうした学力・能力観の転換が国際的にも求められる背景には、未曾有の、しかもグローバルな広がりを持った社会変動の激しさがある。従前の知識人

図三　キー・コンピテンシー（OECD DeSeCo program）

〈個人の人生の成功〉と〈うまく機能する社会〉のために

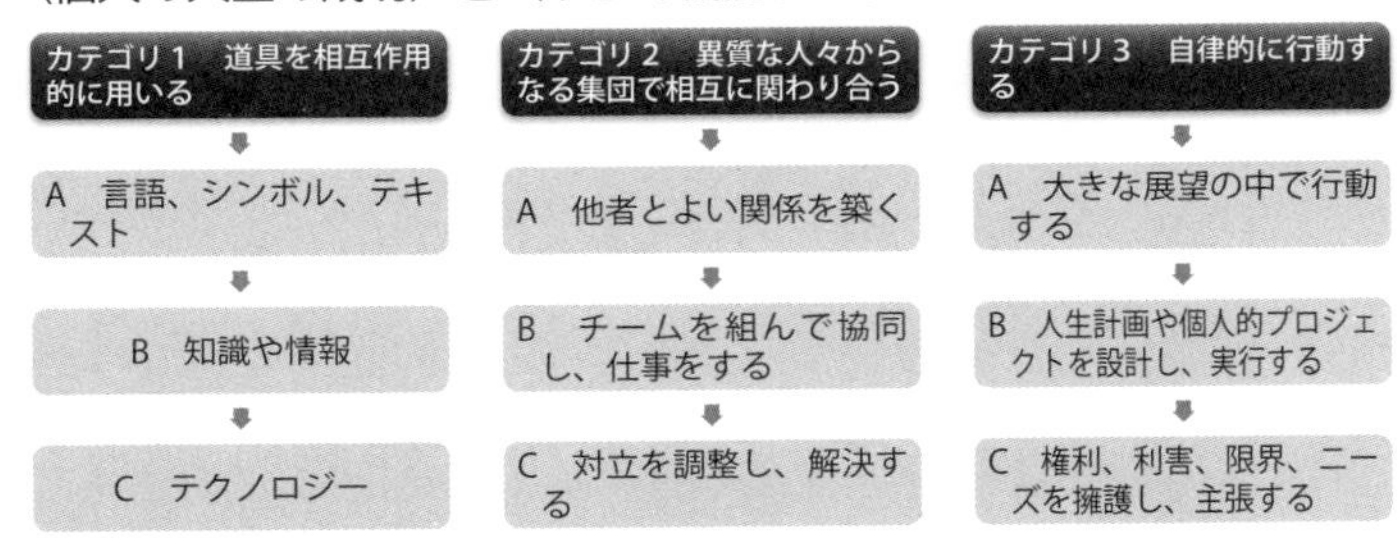

松下佳代編著2010より整理
DeSeCo: Definition and Selection of Competencies

材のモデルは、高度な知識・技術をもとに、専門的・科学的な見地から、課題の解決を図るための答えを求めることのできる専門家（expert）であった。基盤となる高度な知識や技術は、極論すればだが、一度修得すれば事足りた。ところが、新たに求められているのは、多様で変化の激しい社会の中で、より柔軟性を備え、どんな環境でも「答えのない問題」に最善解を導くことができ、また他者と協働することができる自立した人間である。

三、アクティブ・ラーニングのすすめ

学力・能力観の転換に呼応して求められるようになったのが、学びの様式の「アクティブ・ラーニング」への転換にほかならない。それは、知識吸収型学習から知識生産型学習へのシフトとも軌を一にしている。

文部科学省による解説を参考にして、アクティブ・ラーニングの特徴を整理すると次のようになる。

①教員による一方向的な講義形式の教育とは異なり、学修者の能動的な学修への参加を

取り入れた教授・学習法の総称

②学修者が能動的に学修することによって、認知的、倫理的、社会的能力、教養、知識、経験を含めた汎用的能力の育成を図る

③発見学習、問題解決学習、体験学習、調査学習等が含まれるが、教室内でのグループ・ディスカッション、ディベート、グループ・ワーク等も有効なアクティブ・ラーニングの方法である

ここまで述べてきたこととの関係でいえば、①の能動的学修が知識生産型の学習に、②の汎用的能力の育成がキー・コンピテンシーへの学力・能力観の転換に対応する。そのための具体的な学びの様式が、一方向的な講義形式や教科書を暗記する学びではない、③である。

アクティブ・ラーニングを重視する進路へと舵を切るために、日本の教育界は今躍起になっている。学習指導要領の改訂や入試改革、さまざまな補助金を出しての改革事業の普及等、教育行政も本腰を入れる。そうした国家的事業が実を結ぶのは容易ではないかもしれない。石盤に石筆の時代から、否、もっとずっと古くから続く暗誦型学びの世

界が培ってきた知識吸収型学習観を、そう易々と払拭できるとは思われないからである。しかし、先進的な教育現場を訪問して気づくのは、アクティブ・ラーニングが、教える側にとっても学ぶ側にとっても、間違いなく楽しいという事実である。教室の風景は着実に変わりつつある。

教えられて学ぶのではなく、空気のように当たり前だった生活の中に、埋もれていた人生の宝を発見する。生涯学習の極意であろう。学びは、日常を大切にする人に訪れる自ら〝気づく〟瞬間であり、目が啓かれる経験にほかならない。学びがアクティブでなければ気づきは永遠に訪れることはない。アクティブ・ラーニングへと生涯学習者を招待した所以である。

入賞論文執筆者一覧

〈掲載順〉

山縣昭一（やまがた しょういち） 87歳 茨城県 「俳号ぽん太」

荻原美和子（おぎはら みわこ） 76歳 東京都 「歌の翼に」

七里彰人（しちり あきと） 77歳 愛知県 「カンツォーネ」

谷田部和子（やたべ かずこ） 72歳 栃木県 「私の特技」

村松靖彦（むらまつ やすひこ） 54歳 長野県 「転がれ、ヒヨッコ！」

高見スマ子（たかみ すまこ） 68歳 兵庫県 「学びは一条の光」

出口久美子（でぐち くみこ） 55歳 長崎県 「私の生涯学習――学びが導いた奇跡」

伊波裕子（いは ゆうこ） 51歳 沖縄県 「独学をのんびり楽しもう」

渡辺恵子（わたなべ けいこ） 66歳 福島県 「大学と人生のふたつの勉強」

対比地百合子（ついひじ ゆりこ） 67歳 愛知県 「学ぶに遅すぎることなし」

頼富雅博（よりとみ　まさひろ）　53歳　群馬県　「まわり道が教えてくれたもの」

上原稲子（うえはら　いねこ）　55歳　沖縄県　「パンドラの匣（はこ）」

野呂富三（のろ　とみぞう）　79歳　埼玉県　「防護柵の掃除」

山野芳幸（やまの　よしゆき）　84歳　愛媛県　「おにぎりと自転車の小さな旅」

渋谷江津子（しぶたに　えつこ）　67歳　青森県　「学ぶ喜びが高じて」

渡辺恵子（わたなべ　けいこ）　80歳　神奈川県　「知の財産」

吉開靖之（よしかい　やすゆき）　78歳　長崎県　「私の生涯学習――学ぶ喜び」

松岡智恵子（まつおか　ちえこ）　55歳　長野県　「母から娘への生涯学習」

藤田理穂（ふじた　りほ）　55歳　福島県　『ともに学ぶ悦び「和算」』

後藤　昇（ごとう　のぼる）　53歳　秋田県　「毎日が宝探し――ご縁に感謝する日々」

あとがき

公益財団法人北野生涯教育振興会は、お蔭様で本年六月をもちまして、創立四十周年を迎えることができました。

「いつでも、どこでも、だれでも学べる機会を提供したい」と、わが国で初めて「生涯教育」という名を冠した財団を設立したものの、当初の活動は手探りの状態でした。

しかし、この懸賞論文募集は、設立後まもなくから始まって今日まで継続しており、当財団事業の柱のひとつになっております。今までに寄せられた作品はいずれも、しっかり地に足をつけ、人間としての誇りを失わず、健気に生きている姿を伝えております。

ところで、今年は戦後七十年ということで、戦争の記憶を風化させないよう、様々な場面で太平洋戦争のことを振り返る機会がありました。

もう十年前になりますが、私が知覧特攻平和会館を訪ねた折、展示ケースの中に並べられた遺書の中に、幾何問題を解いた数学のノートがあったのを憶えています。

明日をも知れぬ中、一心に問題を解く学生の姿を思い浮かべ、どんなに生きたかったか、もっともっと学びたかったかと、胸が熱くなりました。

節目の年に当たる今年は、論文募集の課題を原点に立ち戻って「私の生涯学習―学ぶ楽しみ」として募集いたしましたところ、四四四編もの応募がありました。

入選作品は、まさに「生きることは学ぶこと」を体現しているように感じました。

なお、論文の選考にあたりましては、左記の方々に審査をお願いいたしました。ご協力に対し心から感謝申しあげます。

（敬称略　五十音順）

石井　威望（東京大学名誉教授）
小笠原英司（明治大学経営学部教授）
工藤　秀幸（麗澤大学名誉教授）
小松　　章（武蔵野大学政治経済学部教授）
髙　　　巖（麗澤大学経営学部教授）
耳塚　寛明（お茶の水女子大学文教育学部教授）

森山　卓郎（早稲田大学文学学術院教授）
油布佐和子（早稲田大学教育総合科学学術院教授）

最後に、豊富な経験に基づいて本書の支柱ともいうべき序章・終章を執筆いただきました小笠原英司、耳塚寛明両先生に対しまして重ねて御礼を申しあげます。
また、財団の事業活動に平素から深い理解を示され、本書の出版にあたってその労をとってくださった株式会社ぎょうせいの方々に対し謝意を表します。

平成二十七年十月

公益財団法人　北野生涯教育振興会
理事長　**北野重子**

公益財団法人北野生涯教育振興会　概要

設立の趣旨

昭和五十年六月、スタンレー電気株式会社の創業者北野隆春の私財提供により、生涯教育の振興を図る目的で文部省（現文部科学省）の認可を得て発足し、平成二十二年十二月に公益財団法人として認定されました。

当財団は、学びたいという心を持っている方々がいつでも・どこでも・だれでも学べる体制をつくるために、時代が求める諸事業を展開して、より豊かな生きがいづくりのお役に立つことをめざしています。

既刊図書

○「私の生涯教育実践シリーズ」

『人生にリハーサルはない』（昭和55年　産業能率大学出版部）
『私の生きがい』（昭和56年　知道出版）
『四十では遅すぎる』（昭和57年　知道出版）
『祖父母が語る孫教育』（昭和58年　ぎょうせい）

『笑いある居間から築こう　親子の絆』（昭和59年　ぎょうせい）
『人生の転機に考える』（昭和60年　ぎょうせい）
『こうすればよかった――経験から学ぶ人生の心得』（昭和61年　ぎょうせい）
『永遠の若さを求めて』（昭和62年　ぎょうせい）
『人生を易(か)えた友情』（昭和63年　ぎょうせい）
『旅は学習――千里の知見、万巻の書』（平成元年　ぎょうせい）
『おもいやり――沈黙の愛』（平成2年　ぎょうせい）
『豊かな個性――男らしさ・女らしさ・人間らしさ』（平成3年　ぎょうせい）
『心と健康――メンタルヘルスの処方箋』（平成4年　ぎょうせい）
『心の遺産――親から学び、子に教える』（平成5年　ぎょうせい）
『ともに生きる――自己実現のアクセル』（平成6年　ぎょうせい）
『育自学のすすめ――汝自身を知れ』（平成7年　ぎょうせい）
『日本人に欠けるもの――五常の道』（平成8年　ぎょうせい）
『豊かさの虚と実』（平成9年　ぎょうせい）
『わが家の教え』（平成10年　ぎょうせい）
『日本人の品性』（平成11年　ぎょうせい）
『21世紀に語る夢』（平成12年　ぎょうせい）
『私が癒されたとき』（平成13年　ぎょうせい）
『出会いはドラマ』（平成14年　ぎょうせい）
『道――歩き方、人さまざま』（平成15年　ぎょうせい）

『光――照らす、心・人生・時代』（平成16年　ぎょうせい）
『夢――実現した原動力』（平成17年　ぎょうせい）
『志――社会への思いやり』（平成18年　ぎょうせい）
『心の絆――命を紡ぐ』（平成19年　ぎょうせい）
『家庭は「心の庭」』（平成20年　ぎょうせい）
『家訓――我が家のマニフェスト』（平成21年　ぎょうせい）
『食満腹　心空腹――わが家の食卓では…』（平成22年　ぎょうせい）
『私の望む日本――行動する私』（平成23年　ぎょうせい）
『日本が〝生き抜く力〟――今、私ができること』（平成24年　ぎょうせい）
『言葉は人格の表現――心あたたまる言葉・傷つける言葉』（平成25年　ぎょうせい）
『私の東京オリンピック――過去から学び、未来へ夢を』（平成26年　ぎょうせい）

○『生涯教育図書一〇一選』（昭和61年　ぎょうせい）
○『生涯教育関係文献目録』（昭和61年　財団法人北野生涯教育振興会）
○『社会人のための大学・短大聴講生ガイド』（昭和63年　ぎょうせい）
○『大学院・大学・短大・社会人入試ガイド』（平成3年　ぎょうせい）
○『新・生涯教育図書一〇一選』（平成4年　ぎょうせい）

所在地　〒一五三―〇〇五三　東京都目黒区五本木一丁目一二番一六号
電　話　（〇三）三七一一―一一一一　**FAX**　（〇三）三七一一―一七七五

【監修者・編者紹介】

公益財団法人 北野生涯教育振興会

1975年６月、スタンレー電気株式会社の創業者北野隆春の私財提供により、文部省（現文部科学省）の認可を得て我が国で最初に生涯教育と名のついた財団法人を設立。2010年12月公益財団法人に認定。毎年、生涯教育に関係のある身近な関心事を課題にとりあげ、論文・エッセー募集を行い、入賞作品集を「私の生涯教育実践シリーズ」として刊行している。本書はシリーズ36冊目となる。（※財団概要は本書221～223頁でも紹介）

小笠原英司（おがさわら　えいじ）

明治大学大学院修了。現在明治大学経営学部教授、明治大学大学院長、明治大学評議員。博士（経営学）。明治大学経営学部長、経営学史学会理事長等歴任。主著『経営哲学研究序説』（文眞堂）他、著書論文多数。

耳塚寛明（みみづか　ひろあき）

東京大学大学院教育学研究科博士課程単位取得退学。東京大学助手、国立教育研究所研究員を経てお茶の水女子大学教授、前同大学理事・副学長。専攻は教育社会学。主な編著に、『教育格差の社会学』（有斐閣）、『学力とトランジッションの危機―閉ざされた大人への道』（金子書房）など。

私の生涯教育実践シリーズ '15

私の生涯学習――生きることは学ぶこと

2015年11月10日　初版発行

監修者　公益財団法人 北野生涯教育振興会

編　者　小笠原英司
　　　　耳塚寛明

印　刷　株式会社　ぎょうせい

〒136-8575　東京都江東区新木場１-18-11

電話番号　営業　03-6892-6666

フリーコール　0120-953-431

〈検印省略〉　URL　http://gyosei.jp

印刷／ぎょうせいデジタル株式会社

ISBN978-4-324-80079-9（5563925-00-000）［略号：私の生涯学習］